中等职业教育混合所有制改革研究

王 辉 于万成 著

中国民族文化出版社

北 京

图书在版编目（CIP）数据

中等职业教育混合所有制改革研究 / 王辉，于万成著. —北京：中国民族文化出版社有限公司，2020.9（2025.1重印）
ISBN 978-7-5122-1395-1

Ⅰ.①中…　Ⅱ.①王…②于…　Ⅲ.①中等专业教育—教育改革—研究—中国　Ⅳ.①G719.21

中国版本图书馆CIP数据核字（2020）第164666号

中等职业教育混合所有制改革研究

作　　者	王　辉　于万成
责任编辑	孙　勃
责任校对	张嘉林
出 版 者	中国民族文化出版社　地址：北京市东城区和平里北街14号
	邮编：100013　联系电话：010-84250639　64211754（传真）
印　　装	三河市同力彩印有限公司
开　　本	710mm×1000mm　1/16
印　　张	15.25
字　　数	215千
版　　次	2020年9月第1版　2025年1月第2次印刷
标准书号	ISBN 978-7-5122-1395-1
定　　价	69.00元

全国教育科学"十三五"规划 2017 年度教育部重点课题"基于混合所有制下的校企协同创新中心运营模式的研究"（课题批准号：DJA170420）阶段性成果。

山东省教育科学"十三五"规划 2019 年度重点资助课题"区域中等职业学校混合所有制改革机制研究"（课题批准号：ZZ2019044）阶段性成果。

前言

　　职业教育是与社会经济发展联系最紧密、最直接的教育类型，是教育与社会经济的结合点，职业教育直接将潜在劳动者培养成现实的技术技能人才，是世界各国经济腾飞的"秘密武器"。通过接受职业教育，适龄劳动者的受教育年限得以延长，从而缓解了新生劳动者对就业市场的冲击。通过职业教育培训，新生劳动者的技术技能水平得以提升，这就增强了他们的就业或再就业能力，提高了社会就业率，促进了社会和谐稳定。联合国教科文组织将职业教育视为"促进消除贫困的一种方法"。职业教育可以增强潜在劳动者的就业能力，提高困难家庭收入，缓解贫困，缩小贫富差距。因此，职业教育在发展社会经济、促进就业、缩小贫富差距和保持社会稳定等方面发挥着重要作用，在教育发展过程中处于重要战略地位，政府部门一般都将职业教育作为国家教育发展战略的一项重要内容。《中华人民共和国职业教育法》（1996 年）指出："职业教育是国家教育事业的重要组成部分。"《国家中长期教育改革和发展规划纲要（2010—2020 年）》指出："发展职业教育是推动经济发展、促进就业、改善民生、解决'三农'问题的重要途径，是缓解劳动力供求结构矛盾的关键环节，必须摆在更加突出的位置"。党的十八大以来，职业教育被摆在了更加突出的战略位置，受到中央政府的高度重视。2018 年 11 月 14 日，习近平总书记主持召开中央全面深化改革委员会第五次会议，中央全面深化改革委员会审议通过了《国家职业教育改革实施方案》，方案指出"把职业教育摆在教育改革创新和经济社会发展中更加突出的位置"。

近年来，我国中等职业教育以创新、协调、绿色、开放、共享为发展理念，以转变发展方式和供给侧结构性改革为主线，全面贯彻党的教育方针，认真贯彻、落实党的"十八大""十九大"精神，坚持以人为本、面向市场的办学思路，遵循职业教育发展规律和劳动技能型人才成长规律，坚守"以立德树人为根本、以服务发展为宗旨、以促进就业为导向"的办学原则，取得了举世瞩目的成就：一是加快融入中国特色现代职业教育体系，人才培养系统性和针对性显著增强；二是政策制度建设继续完善，不断推进中等职业教育规范科学发展；三是不断突破体制机制障碍，中等职业教育办学体制改革不断深入；四是积极促进企业行业参与中等职业教育教学改革；五是强化基础能力建设，打牢中等职业教育发展根基；六是以教育公平为导向，不断提高中等职业教育保障水平；七是继续扩大开放大门，提升中等职业教育国际化水平。

中等职业教育改革在办学模式改革上，取得了一些实质性突破：在顶层设计上，建立了校企、产教定期对话沟通机制，成立了全国职业教育教学改革创新指导委员会和行业职业教育教学指导委员会；在机制建设上，积极探索行业、企业、社会参与中等职业教育办学样式，强化社会与学校融合发展，构建产教融合、校企合作体制机制，实现优势互补、资源共享、合作共赢；在人才培养上，深入推进职业教育与产业、学校与企业、专业设置与职业岗位、课程教材与职业标准、教学过程与生产过程的深度对接，创新校企合作、工学结合等人才培养模式，提升中等职业教育服务社会经济发展的能力水平；在工作抓手上，深化全国职业院校技能大赛改革，形成行业全面参与大赛的周密设计、职业院校积极参与各项比赛的办赛模式。

我总结了中职教育办学改制以来曾遇到的问题：一是由于政府"管得过多、统得过死"，出现了企业、行业"缺位、失位"的现象，企业、行业参与职业教育办学不断弱化，企业、行业主动参与职业教育的积极性不高，同时企业通过改制、改革把原本的职业院校剥离出去，这就造成了职业教育人才培养的结构性失衡；二是中等职业教育办学主体过于单一，且办学主体拥有过多的权利和资源，这就会导致职业教育办学管理模式过于单一，管理方式过于集权，其他相关方的管理权限得不到保障，企业和行业在职业教育办学过程中的话语权和决策权缺失；三是职业教育内部管理上的结构混乱，不同的职业院校归口于不同的政府部门管理，相应的办学愿景和功能定位也不尽相同，处于"各自为政"的混乱局面，这就导致中等职业教育功能定位上过于模糊，人才培养方式比较单一、办学模式比较传统，人才培养方式仍然是以院校培养为主。

办学模式改革是中等职业教育摆脱困境的突破口。中等职业教育办学模式改革是对现行的职业教育办学模式中的不合理部分进行改造和创新，打破职业教育办学过程中的现有体制和机制障碍，以使中等职业教育办学能够顺利开展，进入良性循环中去。在政治体制改革、经济体制改革的背景下，在我国新时代各项事业蓬勃发展的重要战略机遇期中，中等职业教育办学模式改革更加凸显了其根本性地位：促进职业教育发展的重要保障。因此，推进中等职业教育办学模式改革对于职业教育内涵式发展、构建现代职业教育体系、培养社会需求的高技能人才、助力产业转型升级等方面都有重要意义。

中等职业教育混合所有制改革是中等职业教育办学模式的根本性改革，是在中等职业学校内部进行的混合所有制改革，属于狭义上的混合所有制经济范畴。中等职业教育混合所有制是指在中等职业教育中的多种不同所有制经济类型的并存状态，在混合所有制中等职业学校中既有公有制经济的影子，又有非公有制经济的影子，既存在公有资本，又存在非公有资本。中等职业教育混合所有制改革就是在中等职业学校中，在现代产权制度和现代企业制度的基础上，引入不同性质的所有制经济，形成多种所有制经济共同存在、互相配合、共同发展的良好态势，以达到实现校企双主体办学、激发中等职业教育活力、促进中等职业教育发展的目的。

本书系统研究了经济领域中的混合所有制经济，系统介绍了职业教育办学模式和职业教育办学模式改革的基本问题，在此基础上，结合我国职业教育混合所有制改革实践案例，探讨了中等职业教育混合所有制改革过程中的基本问题，提出了我国中等职业教育混合所有制改革的路径。

本书共分四个部分。第一部分是第一章，本部分从混合所有制经济的内涵入手，分析了我国改革开放以来所有制经济的发展历程，明确了我国混合所有制经济是在多种所有制经济并存和发展的基础上发展而来的，深入剖析了我国混合所有制经济的制度体系和混合所有制经济的组织形式——混合所有制企业，在分析我国混合所有制经济发展所面临困境的基础上，结合时代特征，研究了我国新时代发展混合所有制经济的思路及策略，为中等职业教育混合所有制改革提供了有益的借鉴。

第二部分是第二章和第三章，这两章内容从研究基本概念入手，层层剖析，循序渐进，明确了职业教育办学模式的内涵特征及地位作用等基本内容，明确了职业教育办学模式的概念特点及发展历程等基本问题，对中等职业教育混合所有制改革具有一定的启示意义。

第三部分是第四章，本部分分析了我国职业教育混合所有制改革的不同类型，介绍了不同层面的职业教育混合所有制改革的实践案例，提炼了职业教育混合所有制改革的典型模式，分析了中等职业教育混合所有制改革面临的办学困境。

第四部分是第五章和第六章，本部分研究、分析了中等职业教育混合所有制改革的内涵特征、意义需求、改革面临的不同层面的困境、现有的政策以及利益相关者等基本问题，厘清了中等职业教育混合所有制改革的基本思路，提出了中等职业教育混合所有制改革的理论和实践路径。

新时代，我国中等职业教育正处于发展的十字路口。面对全社会对优质教育资源的需求和教育资源均衡发展的关注，我国中等职业教育应以深化办学模式改革为根本，聚焦供给侧人才培养，扎实提高人才培养质量，回应社会广泛的需求。本书作为全国教育科学"十三五"规划2017年度教育部重点课题"基于混合所有制下的校企协同创新中心运营模式的研究"和山东省教育科学"十三五"规划2019年度重点资助课题"区域中等职业学校混合所有制改革机制研究"阶段性成果，力图通过研究介绍，为我国中等职业教育混合所有制改革、我国中等职业教育发展贡献微薄之力。由于笔者的理论水平和对职业教育的认识有限，加上时间仓促，书中难免有欠妥当之处，敬请读者批评指正。

王辉

2019 年 10 月

目　录 Contents

第一部分　经济学领域的混合所有制经济

第二部分　职业教育办学模式和职业教育办学模式改革

第四部分　中等职业教育混合所有制改革的基本问题及路径

第一部分
经济学领域的混合所有制经济

第一章　混合所有制经济概述

《中华人民共和国国民经济和社会发展第十三个五年规划纲要》"积极稳妥发展混合所有制经济"部分中要求支持国有资本、集体资本、非公有资本等交叉持股、互相融合。推进公有制经济之间股权多元化改革。稳妥推动国有企业发展混合所有制经济，开展混合所有制改革试点示范。引入非国有资本参与国有企业改革，鼓励发展非公有资本控股的混合所有制企业。鼓励国有资本以多种方式入股非国有企业"。至此，我国经济领域的混合所有制改革逐步展开。

第一节　混合所有制经济的内涵

在分析混合所有制经济内涵之前，需要先来探讨一下混合所有制的上位概念，即所有制的内涵。马克思、恩格斯认为，所有制的前提是劳动关系，即劳动者与生产资料的结合关系。[①]马克思指出，不论生

[①] 李正图.混合所有制经济研究 [M].上海：上海社会科学院出版社，2016:18.

产的社会形式如何，劳动者和生产资料始终是生产的因素。但是，二者在彼此分离的情况下只在可能性上是生产因素。凡要进行生产，就必须使他们结合起来①。但是，劳动者和生产资料并不是自然而然地结合在一起的，二者结合需要有对劳动者和生产资料的所有权和支配权的存在，而劳动者和生产资料的所有权和支配权的制度规定就是所有制，劳动者和生产资料的所有权和支配权都是"私有财产"，即所有制是规定支配他人私有财产的制度。由于生产资料的稀有性，人们形成了对生产资料的占有意识，不同的生产资料占有者会为了这一稀有的生产资料而进行争夺，为了控制这种争夺，人们便创设了所有制。因此，所有制是生产过程中，为了制约人们对于稀有的生产资料的争夺而规定稀有的生产资料隶属关系的制度。

马克思主义认为，所有制是社会经济制度的核心和基础，决定着生产关系的性质，进而决定着社会经济制度的性质②。因为生产关系是由生产力决定且不以人们意志为转移的物质社会关系，生产关系中的物质利益是由生产资料所有制和人们在生存关系中的地位所决定的，而所有制是生存关系中最基本、最具决定性的部分。不同所有者之间发生的关系就是所有制关系，它是通过人与人之间的所有权交换来实现的，所有权交换体现了个人的所有者身份和所有权主体。马克思指出，商品不能自己到市场去，不能自己去交换。因此，我们必须找寻它的监护人，商品所有者。商品是物，所以不能反对人。如果说它不乐意，人可以使用强力，换句话说，把它拿走。为了使这些物作为商品彼此发生关系，商品监护人必须作为有自己的意志体现在这些物中的人彼此发生关系，因此，一方只有符合另一方的意志，就是说每一方只有通过双方共同一致的意志行为，才能让渡自己的商品。可见，

---

① 中共中央马克思恩格斯列宁斯大林著作编译局. 马克思恩格斯全集（第24卷）[M]. 北京：人民出版社, 1972:44.

② 李正图. 混合所有制经济研究 [M]. 上海：上海社会科学院出版社, 2016:17.

他们必须彼此承认对方是私有者①。有劳动的地方就有所有制，劳动是所有制形成和持续存在的前提，劳动的起源就是所有制的起源，劳动的形成就是所有制形成的条件，劳动的持续就是所有制持续的前提，所有制贯穿于人类生产活动的全过程。因此，从表面上看所有制是物的隶属关系，而实际上则是人与人之间的关系，这通过人类劳动过程体现，所以研究所有制需要从分析物的隶属关系来分析人与人之间的关系。

同一所有制以不同的所有制形式表现的就是所有制实现形式，所有制形式中最重要的实现形式是股份制，各种公有资本组成的股份制是公有制经济的具体实现形式，各种私有资本组成的股份制是私有制经济的具体实现形式，公有资本和私有资本或其他资本组成的股份制就是混合所有制经济的具体实现形式。因此，所有制可以具体表现为很多种类型，按照所有权主体不同可以分为公有制和非公有制，公有制包括国有制和集体所有制，而除公有制以外的其他所有制统称为非公有制，包括国内私有制、国外私有制等。不同所有制可以在同一空间和时间中并存，多种所有制可以在同一空间和时间中共生，并处于同一组织之中，这就是混合所有制。多种所有制形式在同一空间和时间中并存是多种类型的所有制经济混合的基础。

在此基础上，还需要分析与混合所有制经济联系密切的两个概念：所有制经济和所有制企业。所有制经济就是不同所有制在特定时间和空间中构成的经济形态，从大的方面讲，所有制经济包括公有制经济和非公有制经济，公有制经济又包括国有制经济、集体所有制经济和各种合作经济中的公有成分，非公有制经济包括民营经济、个体经济、外资经济和各种合作经济中的非公有成分，不同所有制经济类型的相

---

① 中共中央马克思恩格斯列宁斯大林著作编译局. 马克思恩格斯全集（第 23 卷）[M]. 北京：人民出版社，1972:102.

互混合就是混合所有制经济。所有制企业是不同所有制在特定时和空中、在具体的组织（或企业）中构成的经济形态。同理，所有制企业包括公有制企业和非公有制企业，公有制企业又包括国有企业、集体所有制企业，非公有制企业包括民营企业、个体企业、外资企业，由公有制资本和非公有制资本组成的企业就是混合所有制企业。因此，各种不同类型的所有制企业的总和就构成了不同类型的所有制经济，国有企业的总和就是国有经济，集体所有制企业的总和就是集体所有制经济，民营企业的总和就是民营经济，个体企业的总和就是个体经济，外资企业的总和就是外资经济，所有的上述经济类型构成了整个社会经济。

综合上述分析，混合所有制经济的内涵可以从广义和狭义两个角度来界定。广义上的混合所有制经济是指在整个社会经济中，体现在所有制经济结构上的多种不同所有制经济在时空中的并存状态。从宏观的整个社会经济所有制经济结构来看，其主要特征是混合，从多种不同所有制经济间的存在状态来看，其主要特征是并存。我国现行的以公有制为主体多种所有制经济并存的经济制度就是一种广义上的混合所有制经济制度。狭义上的混合所有制经济是指在整个社会组织（或企业）中的多种不同所有制经济类型在组织（或企业）中的并存状态，是基于现代产权制度的混合所有制企业的总和。在单个的混合所有制组织（或企业）中，既有公有制经济的影子，又有非公有制经济的影子，既存在公有资本，又存在非公有资本。这里需要说明的一点是，不管是公有资本还是非公有资本，都必须遵循现代产权制度和现代企业制度的各种规定，都必须平等享有并承担企业运营带来的收益和亏损。

第二节　改革开放以来我国所有制经济的变迁

改革开放以来，我国的所有制经济结构大体经历了从单一公有制经济到多种所有制经济并存再到多种所有制经济混合的变化过程。

一、改革开放以来我国所有制经济的发展历程

（一）我国基本经济制度

自党的"十五大"以来，我国基本经济制度正逐步完善，形成了社会主义市场经济条件下的基本经济制度理论，并以"两个毫不动摇"思想和以写进《中华人民共和国宪法》的形式固化下来。1997年，党的"十五大"报告首次提出"基本经济制度"，提出"公有制为主体、多种所有制经济共同发展，是社会主义初级阶段的一项基本经济制度""非公有制经济是中国社会主义市场经济的重要组成部分。对个体、私营等非公有制经济要继续鼓励、引导，使其健康发展。这对满足人们多样化的需要，增加就业，促进国民经济的发展有重要作用"。1999年，在第九届全国人民代表大会第二次会议通过的《中华人民共和国宪法修正案（草案）》中，第一章第六条增加了"国家在社会主义初级阶段，坚持公有制为主体、多种所有制经济共同发展的基本经济制度，坚持按劳分配为主体、多种分配方式并存的分配制度"，第十一条增加"在法律规定范围内的个体经济、私营经济等非公有制经济，是社会主义市场经济的重要组成部分"，这就明确了我国的基本经济制度是以公有制为主体和主导的经济制度，但同时肯定了非公有制经济的"重要组成部分"作用。2002年，党的"十六大"把我国基本经济制度凝练成了"两个毫不动摇"方针，提出"坚持和完善公有制为主体、多种所有制经济共同发展的基本经济制度，毫不动摇地巩固和发展公有制经济，毫不动摇地鼓励、支持和引导非公有制经济发展"。2007年，党的"十七大"报告指出"完善基本经济制度，健全现代市

场体系",重申了"两个毫不动摇"。2012年,党的"十八大"报告详细论述并充实了"两个毫不动摇"的内涵,指出"要毫不动摇巩固和发展公有制经济,推行公有制多种实现形式,推动国有资本更多投向关系国家安全和国民经济命脉的重要行业和关键领域,不断增强国有经济活力、控制力、影响力。毫不动摇鼓励、支持、引导非公有制经济发展,保证各种所有制经济依法平等使用生产要素、公平参与市场竞争、同等受到法律保护"。2017年,党的"十九大"报告对"两个毫不动摇"内涵进行了扩充,突出了市场的重要作用,指出"必须坚持和完善我国社会主义基本经济制度和分配制度,毫不动摇巩固和发展公有制经济,毫不动摇鼓励、支持、引导非公有制经济发展,使市场在资源配置中起决定性作用"。

（二）多种所有制经济并存和共同发展

在原有的公有制经济基础上,在我国经济领域的改革实践中,诞生了私营经济、个体经济、合作经济,在我国开放的实践过程中,出现了外资经济,这样我国就出现了多种所有制经济。在处理多种所有制经济之间的关系时,我国做出的战略选择是多种所有制经济并存和共同发展,这一战略选择为我国国民经济的健康、合理、有序发展奠定了基础。1984年召开的党的十二届三中全会,通过了《中共中央关于经济体制改革的决定》,要求"坚持多种经济形式和经营方式的共同发展,是我们长期的方针,是社会主义前进的需要"。1986年召开的党的十二届六中全会,通过的《中共中央关于社会主义精神文明建设指导方针的决议》,要求"在公有制为主体的前提下发展多种经济成分"。1987年,党的"十三大"报告中指出"社会主义初级阶段的所有制结构应以公有制为主体,对于城乡合作经济、个体经济和私营经济,都要继续鼓励它们发展"。1992年,党的"十四大"报告指出"以公有制包括全民所有制和集体所有制经济为主体,个体经济、私营经济、外资经济为补充,多种经济成分长期共同发展,不同经济成分还可以自愿实行多种形式的联合经营"。至此，我国关于多种所有制经济并存和共同发展的战略选择已彻底固化下来，此后，我国关于多种所有制经济并存和共同发展的要求更加全面和细化。1993 年党的十四届三中全会，通过的《中共中央关于建立社会主义市场经济体制若干问题的决定》，指出"国家要为各种所有制经济平等参与市场竞争条件。坚持以公有制为主体、多种经济成分共同发展方针。在积极促进国有经济和集体经济发展的同时，鼓励个体、私营、外资经济发展，并依法加强管理"。1997 年党的"十五大"报告指出"非公有制经济是市场经济的重要组成部分"，并把公有制经济为主体，多种所有制经济共同发展作为社会主义初级阶段的基本经济制度。此后的党的"十六大""十七大""十八大""十九大"报告均对丰富多种所有制经济并存和共同发展的内涵提出了新的要求。此外，在国家《关于第七个五年计划的报告》《中共中央关于制定国民经济和社会发展十年规划和"八五"计划的建议》等文件中，也指出：坚持社会主义公有制为主体的多种经济成分并存的所有制结构，发挥个体经济、私营经济和其他经济成分对公有制经济的有益的补充作用，并对它们加强正确的管理和引导。在党的政策方针的引导下，1999 年和 2004 年两次宪法修正案以国家最高法律的方式明确了各种所有制经济在中国社会制度中的作用、地位和权利：国家在社会主义初级阶段，坚持公有制为主体、多种所有制经济共同发展的基本经济制度。在法律规定范围内的个体经济、私营经济等非公有制经济，是社会主义市场经济的重要组成部分。

（三）从多种所有制经济并存和共同发展到发展混合所有制经济

改革开放以来，我国的所有制经济结构在经历从单一公有制向公有制经济为主体、多种所有制经济并存和共同发展的过程之后，又经历的从公有制经济为主体、多种所有制经济并存和共同发展向多种所有制经济混合发展的过程，这是我国所有制经济结构性变迁过程中的两个战略选择。既然多种所有制经济并存和共同发展，那么这些多种所有制经济之间到底是什么关系，是互不干涉还是互相促进，成为我国社会主义市场经济亟需探索和解决的重要问题。在这一战略问题上，我们党又做出了经过实践检验了的正确战略选择。党的"十四大"以来，我国社会主义所有制经济结构经历了从公有制经济为主体、多种所有制经济并存和共同发展到多种所有制经济混合发展的历史过程。这一过程分为三个时期：萌芽形成期、初步发展期和内涵式发展期。1992年，党的"十四大"报告首次创造性地提出了"不同经济成分还可以自愿实行多种形式的联合经营"，这是我党首次在方针上打破了不同成分所有制经济之间互不牵涉、泾渭分明的界限，为我国各种所有制经济混合发展指明了方向、创造了空间。1993年党的十四届三中全会，通过的《中共中央关于建立社会主义市场经济体制若干问题的决定》，指出"随着产权的流动和重组，财产混合所有制经济单位越来越多"，这一认识打破了各种所有制经济在产权上互不牵涉的界限。1997年，党的"十五大"报告首次提出了"混合所有制经济"的概念，标志着我国正式着手发展混合所有制经济，这一时期是我国社会主义混合所有制经济发展的萌芽形成期。1998年召开的党的十五届三中全会，通过的《中共中央关于农业和农村工作若干重大问题的决定》中要求，国有大中型企业尤其是优势企业，宜于实行股份制的，要通过规范上市、中外合资和企业互相参股等形式，改为股份制企业，发展混合所有制经济。2002年，党的"十六大"报告指出"除极少数必须由国家独资经营的企业外，积极推行股份制，发展混合所有制经济"。2003年，党的十六届三中全会，通过的《中共中央关于完善社会主义市场经济体制若干问题的决定》中，要求"进一步增强公有制经济的活力，大力发展国有资本、集体资本和非公有资本等参股的混合所有制经济""完善国有资本有进有退、合理流动的机制，进一步推动国有资本更多地投向关系国家安全和国民经济命脉的重要行业和关键领域，增强国有经济的控制力"。这一时期，我国放宽了非公有资本的准入门槛，明确提出要大力发展混合所有制经济，社会主义混合所有制经济得到了初步发展。2007 年，党的"十七大"报告要求"以现代产权制度为基础，发展混合所有制"。2013 年召开的党的十八届三中全会，通过的《中共中央关于全面深化改革若干重大问题的决定》要求"积极发展混合所有制""国有资本、集体资本、非公有资本等交叉持股、相互融合的混合所有制经济，是基本经济制度的重要实现形式，有利益国有资本放大功能、保值增值、提高竞争力，有利于各种所有制资本取长补短、相互促进、共同发展"，首次把混合所有制上升到"社会主义基本经济制度实现形式"的高度。这一时期，我国社会主义混合所有制经济的发展已经从对政策制度的依赖发展到了产权层面，使我国社会主义混合所有制经济走向了内涵式发展。

二、改革开放以来我国混合所有制经济的发展实践

（一）公有制经济的发展

公有制经济一直是我国社会主义经济的主体部分，在我国社会发展中发挥了最重要的作用。改革开放以来，经过股份制改造和国有经济结构布局的战略性调整，我国国有经济结构更加合理，整体实力和总体质量明显提高，对国民经济的带动力、竞争力、影响力和控制力得到进一步增强。1998 年，我国国有控股非金融企业数量有 23.9 万户，总资产 14.9 万亿元，实现利润 213.7 亿元。2003 年，我国国有控股非金融企业数量下降到了 15 万户，比 1998 年下降了 37%，总资产增加到了 19.7 万亿元，比 1998 年增加了 32%，实现利润 4951.2 亿元，比 1998 年增长了 23 倍。2008 年，我国国有控股非金融企业数量下降到了 11.4 万户，比 1998 年减少了一半多，总资产达到 42.55 万亿元，比 1998 年增加了近 3 倍，实现利润 1 3307.4 亿元，比 1998 年增长了 62 倍多。1997 年以来，我国国有经济逐步向国民经济重要领域和行业集中，从一般竞争性行业中逐步退出，虽然企业在数量上减少，但是

总资产和实现利润在成倍上升，资产的利用率和企业经营状况越来越好。国资委①公布数据显示，2013 年，完成公司制股份制改革的国有企业超过了总数的 90%，央企中混合所有制企业数占总企业数的近 60%。改革开放以来，国有经济发展呈现了多样化态势，私营企业通过合作、合伙、改制参与国有企业改革，成为股份制企业，国有企业通过改组改制、资产转换、资产出让，转变为股份制企业，这些股份制企业通过股份流转使股权结构更加合理，在这些股份制企业中出现了一部分国有资本、集体资本、私营资本、国外资本交叉持股、相互合作的混合所有制企业。

（二）个体经济的发展

1979 年，国务院发布了我国第一个允许城镇个体经济发展的政策：批准一些有正式户口的闲散劳动力从事修理、服务和手工业者个体劳动，但不准雇工。之后，我国个体经济得到飞速发展，城乡个体工商户数量从最初的 183 万户，发展到 1995 年的 2529 万户，到 2013 年底，已经达到 4436 万户。个体工商业从业人数，从最初的 14 万人，增加到 1981 年的 228 万人，到 2000 年突破了 5000 万人，2012 年年底达到了 8000 万人。个体工商业的注册资金，从最初的 5 亿元，增加到 2000 年的 3315 亿元，到 2013 年已达 2.4 万亿元。从上述数据可以看出，我国个体经济在改革开放后得到迅猛发展，从最初的小规模发展到现在的占国民经济一定体量的较大规模发展，从业者占我国劳动人口的比重大大增加。

（三）私营经济的发展

我国现在可查的关于私营经济的数据是从 1989 年开始，1989 年以前，上海工商业者以民间集资方式创办了中国第一家民营企业——爱国建设公司。1989 年，我国有私营企业 90581 户，对 GDP（国内生产

---

① 国务院国有资产监督管理委员会，文中简称"国资委"。

总值）的贡献率为 0.57%。到 2001 年，私营企业数已经达到 202.85 万户，注册资金 1.8 万亿元，从业人员 2713.86 万人，对 GDP 的贡献率已经达到 20.46%。2005 年，我国私营企业数量已有 498 万家，占整个 GDP 的比例已超过 60%，私营工业企业数量占规模以上工业企业数量的 68.3%。到 2013 年年底，我国私营企业数量已经达到 1253.9 万户，注册资金 39.3 万元，在 GDP 中的所占比重仍然是 60% 以上，税收贡献率超过 50%，解决了 80% 的城乡居民就业问题和 90% 的新增就业人口就业问题。

（四）外资经济的发展

1980 年，中央决定建立深圳、厦门、珠海、汕头四个经济特区，1984 年决定开放大连、秦皇岛、天津、烟台、青岛、连云港、南通、上海、宁波、温州、福州、广州、湛江、北海 "14 个沿海开放城市"，并开辟了环渤海、长三角、珠三角、厦漳泉三角经济开放区，自此，我国建立起了从北到南贯穿一线的对外开放经济带。在中央的战略布局和政策支持下，我国外资经济迅猛发展，引进了大量外资和先进技术，产生了一大批新兴企业，我国外向型经济得到进一步发展。1998 年，我国外商独资企业、中外合资企业和中外合作企业数有 32.5 万家，吸引外商直接投资 2656 亿美元，2001 年这一数字达到 4600 亿美元。至 2013 年，我国累计实际吸收外资达到 1.3 万亿美元，外商投资形成的规模以上工业企业有 5.77 万家，占全国规模以上工业企业数的 17.3%，资产和总收入分别占 19.7% 和 24.1%。

（五）混合所有制经济的发展

混合所有制经济的发展需要与整个国民经济及其内部各部门之间的发展结合起来，需要与国有经济的战略调整、改革、发展结合起来，需要与集体经济发展、民营经济发展、个体经济发展、外资经济发展结合起来，形成共存共生、互动互补、共赢共荣的发展格局。混合所有制经济的发展贯穿在整个国家发展战略中，贯穿在党的 "两个一百年目标"的奋斗中，贯穿在新时代中国特色社会主义发展的战略中，贯穿在中华民族伟大复兴中国梦的实践过程中，但是混合所有制经济的发展与这个重大战略又不是同步的，也不是"理所应当的"，而是随着国家的发展而逐步确立和发展的、"自然而然"的结构性变迁过程。在多种所有制经济并存发展的环境下，各种所有制经济之间的交叉融合是必然的趋势，这是国有企业股份制改革的结果，也是中外合资、中外合作的结果，更是国资与民资合资合作的结果。1983 年 7 月成立的深圳宝安县联合投资公司是我国第一个股份制企业，2001 年国家统计局对全国 4371 家重点企业进行调查统计显示，其中已有 3322 家企业进行了公司制改造，占比为 76%，2002 年已有 3468 家完成公司制改造，占比近 80%。截至 2015 年，全国已有超过 90% 的国有企业和超过 70% 的中央企业完成公司制股份制改造，中央企业 52% 的资产总额、60% 的营业收入和 83% 的实现利润来源于上市公司，这其中，虽然国有资本是第一大股东，但是非公有资本往往占到资本总额的一半以上。2004 年，我国公有制企业的实际收入占第二、第三产业实际收入总数的 40.4%，私有制企业实际收入占比 34.6%，混合所有制企业实际收入占比为 25%。到 2012 年，全国规模以上工业企业共 33.347 万家，其中股份制企业占到 63.6%，总资产占到 58.5%，实现利润占比为 59.1%。

三、改革开放以来我国所有制经济发展的战略价值

（一）打破了传统计划经济与市场经济的二元对立

传统社会主义计划经济——苏联模式认为，"纯而又纯""一大二公"的公有制经济和计划经济是社会主义的经济基础，这一教条式的经济理论禁锢了 20 世纪各个社会主义国家的经济改革。我国自改革开放以来的社会主义建设实践以及在我国所有制理论创新基础上取得的辉煌成就表明，社会主义的经济基础并不是"纯而又纯""一大二公"的公有制经济和计划经济，而是与社会生产力水平相适应的公有制经

济为基础多种所有制经济并存的模式，不是只有计划经济的模式，而是计划经济与市场经济并存的模式。20 世纪不论是社会主义国家还是资本主义国家的经济学家和政治家都一致认为，计划经济是社会主义的专属，市场经济是资本主义的专属，社会主义国家决不允许出现市场经济，资本主义国家决不允许出现计划经济。我国在改革开放后实现了从社会主义计划经济向社会主义市场经济的成功转型，成功实现了社会主义市场经济理论、体系、政策的建立和完善，并成功进行了社会主义市场经济实践，中国特色社会主义经济建设的成功经验再次表明，市场经济可以出现在资本主义国家也可以出现在社会主义国家，既可以有公有制的市场经济又可以有私有制的市场经济，资本主义市场经济与社会主义市场经济可以并存，社会主义计划经济与社会主义市场经济可以并存。这既克服了僵化的传统计划经济与市场经济二元对立的局限，又创造了崭新的社会主义市场经济理论体系。

（二）开创了中国特色社会主义市场经济理论

20 世纪上半叶，不论是社会主义国家还是资本主义国家的经济学家和政治家都一致认为，社会主义国家只能实行计划经济，资本主义国际只能实行市场经济，由于这一僵化的理论思想不符合社会主义经济规律，给各社会主义国家经济建设带来了重大灾难。我国改革开放以来，邓小平同志创造性地提出了"什么是社会主义？如何建设社会主义？"两个社会主义发展的战略问题，而且找到了解决这两个问题的答案，他突破了"社会主义国家只能搞计划经济，资本主义国际只能搞市场经济"的僵化认识，在思想上把计划经济与社会主义脱钩，在社会主义实践中接受了市场经济，解放了国人的思想，保障了我国社会主义事业繁荣稳定、保障了我国人民的幸福生活。在突破了思想束缚后，如何建设社会主义市场经济、如何在社会主义国家内部培育、发展市场经济同样是我们面临的重大课题。在改革开放以来的发展实践过程中，我党带领全国人民不断思索、探索，认识到社会主义基本经济制度是中国特色社会主义市场经济的根本制度前提，党的"十六大"首次提出的社会主义基本经济制度——"以公有制为主体，多种所有制经济共同发展"是我国社会主义市场经济理论的重大创新。在此基础上，我们进一步认识到，只有建立在社会主义基本经济制度基础上的市场经济制度才是社会主义市场经济制度，只有建立在社会主义基本经济制度基础上的市场经济实践才是社会主义市场经济。这既是对 20 世纪社会主义经济建设的创新，也是对社会主义计划经济的突破，又是对资本主义市场经济的拓展，这开创了中国特色社会主义市场经济理论。

（三）丰富了中国特色社会主义发展道路

20 世纪世界社会主义事业的挫折教训和我国改革开放前公有制经济和计划经济制度给我国社会主义建设带来的曲折发展等历史教训表明，公有制经济和计划经济并不能帮助社会主义国家实现国家的繁荣稳定和国富民强。1978 年，我党在全面总结世界各社会主义国家的政权更迭的深刻教训、全面反思我国自建国以来的社会主义建设经验教训的基础上，毅然决定进行改革开放，成功实现了社会主义建设尤其是社会主义经济建设理论的突破和所有制理论的创新，在正确回答"什么是社会主义？如何建设社会主义？"两个战略问题的基础上，建立了以公有制为主体、多种所有制共同发展的社会主义基本经济制度，开创了中国特色社会主义市场经济理论，走出了一条崭新的社会主义市场经济道路。在中国特色社会主义理论引领下，取得了计划经济僵化思想的突破，实现了所有制经济结果的过程性变迁，实现了股份制、混合所有制经济体制改革，丰富和深化了中国特色社会主义理论内涵。党的十八届三中全会对上述过程进行了精炼的概括"公有制为主体、多种所有制经济共同发展的基本经济制度，是中国特色社会主义制度的重要支柱，也是社会主义市场经济体制的根基。公有制经济和非公有制经济都是社会主义市场经济的重要组成部分，都是中国经济社会发展的重要基础。必须毫不动摇巩固和发展公有制经济，坚持公有制主体地位，发挥国有经济主导地位，不断增强国有经济活力、控制力、影响力。必须毫不动摇鼓励、支持、引导非公有制经济发展，激发非公有制经济活力和创造力"，同时首次提出了"国有资本、集体资本、非公有制资本等交叉持股、相互融合的混合所有制经济，是基本经济制度的重要实现形式"。

（四）促进了中国经济的飞速发展

中华人民共和国成立后，我国在全面照搬苏联模式的背景下，建立起了公有制经济和计划经济，虽然在新中国初期取得了一定成绩，建立起了完整的国民经济体系，但是整个国民经济缺乏活力和竞争力，加上"左"的思想的影响和"文化大革命"的动荡，到改革开放前期，我国国民经济发展已经出现重大问题。改革开放以来，以邓小平同志为代表的党的第二代领导集体，以巨大的政治魄力解放思想、实事求是，突破限制、纠正错误，正确回答了"什么是社会主义？如何建设社会主义？"这两个战略命题，创立了中国特色社会主义经济理论。这其中，所有制经济理论的突破和创新是核心和关键，在我国所有制经济从单一的公有制经济发展到以公有制为主体、多种所有制经济并存和共同发展，又进而发展到多种所有制经济的融合、混合发展这一历史进程中，我国经济建设和社会主义建设事业取得了重要成就，尤其是在经济领域，取得了辉煌的成就。自有统计数据以来，1952年，我国 GDP 总量为 679 亿元，到 1966 年"文化大革命"前期，仅为 767.2 亿元，改革开放前的 1977 年，增长到了 1749.38 亿元。改革开放后，我国经济快速发展：1982 年，GDP 突破了 2000 亿元；1985年 GDP 突破了 3000 亿元，达到 3094.88 亿元；1992 年邓小平同志视察南方后，突破了 4000 亿元，达到了 4269.16 亿元。自此以后，我国经济呈现了飞速增长的态势：1994 年 GDP 达到 5643.25 亿元；1996 年GDP 达到 8637.47 亿元；1998 年 GDP 首次超过了 1 万亿元；2005 年

GDP 突破了 2 万亿元，达到 2.29 万亿元；2010 年 GDP 突破 6 万亿元，达到 6.09 万亿元；此后 GDP 基本以每年增加 1 万亿元的速度增长，到 2018 年我国 GDP 达到了 13.61 万亿元，已经成为世界第二大经济体。

第三节 混合所有制经济的制度体系

一、制度体系概述

制度体系是社会成员在社会活动中共同遵循的规则要求的系统体系的总称，是社会活动顺利进行的制度保障，是社会成员进行社会活动的行为规范。制度体系由两大部分组成：一个是人们在认识和处理自然、社会系统的各种关系的过程中凝练的历史经验和知识积淀的总和，是思想层面的意识形态，是精神文明的重要组成部分；另一个是人们的这些历史经验和知识积淀全面运用到自然、社会系统的具体的各种关系中经验做法和常识积淀，是物质层面的实践形态，是物质文明的重要组成部分。因此，完整的制度体系是与人们在认识和处理自然、社会系统的各种关系的过程中凝练的历史经验和知识积淀相适应的制度总和，是与人们运用到自然、社会系统的具体的各种关系中经验做法和常识积淀相适应的制度总和，是与整个人类精神文明和物质文明相适应的制度总和。

制度体系的具体内容包括运行体系和监管体系。制度体系的运行体系具体包括基本制度和具体制度两类：

一是基本制度。基本制度是制度体系中的根本制度，如我国的基本政治制度、基本社会制度、基本经济制度，我国的基本经济制度是"以公有制为主体、多种所有制经济共同发展"，我国基本经济制度的实现形式是"混合所有制经济"。再如公司的基本制度包括公司基本管理制度、公司基本治理制度和公司基本经营制度。

　　二是具体制度。这其中又包括：①主体制度，即在制度体系中关于规制各项活动的主体的制度安排，在混合所有制经济中，主要是指规制混合所有制企业的现代企业制度和现代产权制度。②执行制度，即在制度体系中关于执行任务的行动规则和任务流程，在混合所有制经济中，主要是指混合所有制企业组建、重组、运营的规则和流程以及现代资本市场、现在产权市场上的资本、产权和重组的规则和流程。③运作制度，即制度体系中关于组织运行的规则和流程，在混合所有制经济中，主要是指混合所有制企业在既有主体制度和执行制度基础上，具体运行的规则和流程，这是保障混合所有制企业外部适应性的根本制度。④动力制度，或叫奖惩制度，即制度体系中关于激励和约束各方行为的规则和流程，在混合所有制经济中，主要是指各种所有制企业转变为混合所有制企业的动力机制和混合所有制企业内部各方行为的激励和约束制度。

　　制度体系的监管体系主要包括：①信息收集制度，即制度体系中关于各种信息的收集、整理、分析、汇总的制度，在混合所有制经济中，主要是指混合所有制企业正常运行所需要的外部和内部信息的收集、整理、分析、汇总的制度。②考核制度，即制度体系中关于成果的考核的制度，在混合所有制经济中，主要是指混合所有制企业及其内部员工取得的成果的考核的制度。③监督制度，即基于信息制度和考核制度对制度体系所约束的各种主体的各项活动、任务完成情况、驱动效果情况进行的调查、检查、监督的制度，在混合所有制经济中，主要是指对混合所有制企业的运行情况、员工的任务完成情况、取得的成果等方面的调查、检查、监督的制度。④修正制度，即制度体系中关于及时发现问题、紧急应对突发状况、将发现的问题和突发状况处理情况上报相关部门和相关部门依据上报情况进行及时调整的制度，在混合所有制经济中，主要是指混合所有制公司具体运行过程中对于出现的问题及时发现、对于出现的紧急状况及时应对、将发现的问题和应对情境及时上报公司上级相关部门、公司上级相关部门做出相应调整的制度。

二、中国特色社会主义基本经济制度

中国特色社会主义制度是由根本制度、基本制度、具体制度和法律体系组成的一整套相互联系、相互衔接、相互补充、相互支持的制度体系。中国特色社会主义基本经济制度是整个中国特色社会主义经济制度的重要组成部分，除此之外，中国特色社会主义经济制度还包括中国特色社会主义市场经济制度、中国特色社会主义宏观经济调控制度，三者之间互相补充、互相支持、互相联系、互相贯通，共同组成了中国特色社会主义经济制度。就三者关系而言，中国特色社会主义基本经济制度是中国特色社会主义市场经济制度、中国特色社会主义宏观经济调控制度的基础，是二者的前提，对二者起决定性作用。中国特色社会主义基本经济制度主要有两个方面的内涵：一方面是公有制为主体、多种所有制经济并存；另一方面是按劳分配为主体、多种分配方式并存。其中，公有制为主体、多种所有制经济并存是混合所有制经济形成的经济基础，因此，中国特色社会主义基本经济制度是发展混合所有制经济的根本制度前提，混合所有制经济是中国特色社会主义基本经济制度的重要实现形式。从制度体系的逻辑结构视角看，各项制度构成了一个紧密的逻辑链条、形成了紧密的逻辑关联和逻辑依赖，基于此，中国特色社会主义所有制经济制度与中国特色社会主义市场经济制度构成了一个逻辑整体，中国特色社会主义所有制经济制度是中国特色社会主义市场经济制度的前提，决定了它的性质。所有制经济制度是私有制为主体，与之相适应的市场经济制度就是资本主义的，所有制经济制度是公有制为主体，与之相适应的市场经济制度就是社会主义的，所有制经济制度是公有制为主体、多种所有制经济并存，与之相适应的市场经济制度就是中国特色社会主义的。

中国特色社会主义基本经济制度的产生不是偶然发生的，而是一个自然而然的历史过程，是中国特色社会主义性质和我国的特殊国情所决定的：一是我国是社会主义国家，必须坚持公有制经济的主体地位，如果没有公有制经济或者公有制经济不处于主体地位，我国的社会主义性质就得不到保证，我国的社会主义道路和方向就得不到坚持；二是我国目前正处于社会主义初级阶段，社会生产力还不够先进，国家还不够强大，需要在坚持公有制经济主体地位的基础上发展多种所有制经济，来满足人民群众对美好生活的向往，这是由我国现阶段的生产力水平和社会经济结构所决定的；三是只要是符合"三个有利于"的一切力量都可以拿来为社会主义现代化建设服务。衡量能不能发展多种所有制的标准是否有利于适应社会生产力的发展要求、是否有利于社会生产力的发展、是否有利于社会的全面进步，各种所有制经济在一定范围内都会对社会生产力的发展和社会的全面进步做出应有的贡献，因此应该发展多种所有制经济；四是中国的社会主义发展经验教训告诉我们，中国特色社会主义基本经济制度是正确的，改革开放前，我国曾片面追求公有制经济，结果给社会生产力发展带来的严重影响，改革开放以来，我国坚持以公有制为主体、多种所有制并存的基本经济制度后，我国发展取得了举世瞩目的历史性成就。

三、我国混合所有制经济发展的制度空间

改革破除了束缚生产力发展的计划性体制因素，改革开放以来，我国经济体制改革使得过去被抑制的大量潜在生产力转变成了现实生产力，这些得到释放的生产力已经不是现阶段我国经济体制改革的主要领域，但开放为解放生产力和发展生产力提供了更加广阔的空间，而且这些空间还远远没有被充分利用。因此，我国现阶段经济体制改革的主要任务就是把改革深入改革开放以来经济体制改革没有涉及的领域或者虽然涉及了但是涉及得不够深入的领域。现阶段我国经济体

制改革需要对以往经济体制改革涉及生产力解放和发展的领域和重大问题做明确分析，需要对以往经济体制改革所涵盖的生产力解放和发展的空间进行明确界定，从而确定现阶段我国经济体制改革解放和发展生产力的潜在空间，最终确定我国现阶段经济体制改革的总目标、总任务和总方案。

深化经济体制改革，要用预先设计好的规范的制度体系来调整好社会成员之间的利益关系，从而激励人们进行积极地生存劳动，创造更多的生产力，取得更多的经济效益和社会效益。现阶段我国经济体制改革的根本路径是市场化，不断加快市场化进程，使各项经济体制改革相互配套，使各项经济体制改革落实到位。市场化的实质就是按照市场规律办事，按照市场要求建立激励约束机制，实现"责、权、利、罚"的有机统一。因此，现阶段我国经济体制改革的主攻方向应该是通过全面调整各方利益关系来解放生产力，进而发展生产力。国家就应该利用公共权力，消除阻碍改革的因素，努力推动改革。

在这一过程中，制度的重要性不言而喻，制度可以对社会成员和团体从事社会经济活动进行有力的约束和激励，缺乏有力的约束制度会使个人取代政府发挥作用，缺乏有力的激励制度会使社会成员无法理性地预判他在团体中的利益，这样的后果就是增加了个人的机会主义倾向，鼓励了个人不惜一切代价、甚至牺牲公共利益来谋取个人利益的行为。制度的缺失会使行使公权力的人利用手中的权力为个人谋取私利而不是为社会谋取公共利益，还会使没有公权力的人采取不作为的方式来降低自己所付出的成本，这两种情况都说明了如果失去了制度的约束和激励，社会成员就不会朝着为整个社会谋福祉的方向努力，如果失去了制度的约束和激励，在社会成员的努力方向发生偏离后，就没有外部力量加以纠正和改进，那么，不利于社会整体利益却有利于社会成员个人或特定团体的机会主义现象就会频发，这样会给整个社会带来灾难性的后果。

自党的十八届三中全会明确了"混合所有制经济是基本经济制度的重要实现形式"后，我国混合所有制经济就成为了我国社会主义经济建设和社会主义市场经济的有机组成部分，是中国特色社会主义市场经济体系的重要组成部分，是中国特色社会主义经济体制改革关键环节。因此，我国目前的混合所有制改革要确立完善、系统、有效的约束机制和激励机制。约束机制和激励机制是预先设计好的、社会成员必须遵守和熟知的制度体系，评价约束机制和激励机制有效的核心要素是从制度上确保社会成员责、权、利、罚的统一，在这一核心要素的指引下，社会成员就有权利和责任去履行自己的职责和义务，完成了自己的职责和义务会得到相应的利益，完不成自己的职责会得到相应的惩罚。

第四节　混合所有制经济的组织形式——混合所有制企业

一、公司治理制度

公司治理制度是在信息不对称、契约不完全、权利控制不完全和资产专用基础上的一整套关于规定企业运行和规范企业内部各行为主体行为的制度体系安排，它决定了企业的发展目标和发展行为，决定了企业风险和收益如何在利益相关者中分配，决定了在众多的企业利益相关者中由谁来控制企业以及怎样控制企业。公司治理制度的建立是公司顺利运行的先决条件，非常必要，有三种情况公司可以没有治理制度而顺利运行和发展：一是出资人和管理者是同一个人，即出资人就是管理者；二是管理者对出资人有极端的个人崇拜和信服，能够义无反顾地为出资人的利益努力工作；三是管理者本人具有极高的道德修养，能够自觉地拥护出资人、为出资人的利益工作，上述三种情况在现实社会中极少存在，而现实中往往管理者与出资人之间会有各种各样的矛盾和冲突，因此，需要治理制度对各方进行钳制和约束。建立公司治理制度的公司运行的理想状态是管理者有足够的自由来管理企业，而且管理者能够从出资人利益角度出发使用这些自由来管理好公司，同时管理者知道出资人需要什么，出资人也有足够的信息判断他们的需求是否得到满足，在当出资人的需求得不到满足的时候出资人能够果断采取措施干预管理活动。公司治理制度要解决的关键问题是如何配置和行使控制权，公司内部管理者与公司内外部的各利益相关者之间以及和社会整体利益之间如何协调，进而达到和谐共存的问题是公司治理的面临的重要问题之一，公司建立治理制度的主要目的之一就是通过约束激励各利益相关者的行为来促进各利益相关者合作，进而实现各方利益最大化。除此之外，如何设计和实施约束和激励机制，如何评价公司员工，如何监督公司董事会、管理者等问题都是公司治理制度需要解决的问题。

二、混合所有制企业的建立

从一般意义上讲，全体的混合所有制企业组成了混合所有制经济，混合所有制经济的具体组织形式以混合所有制企业的形式来呈现。因此，发展混合所有制经济的具体体现就是混合所有制企业的建立、管理和运行。建立混合所有制企业的主要关注点：一是混合所有制企业采用股份制，混合所有制企业与其他企业一样，都是按照现代企业制度组建起来的现代企业，都遵循现代产权制度要求；二是混合所有制企业是不同性质所有权之间的结合，所有权成分的不同是区分混合所有制企业与其他企业差异的重要依据；三是混合所有制企业可以与其他企业互相转化，不同所有制的企业都可以通过产权交换、资本交易、企业并购等途径相互转化，国有企业、民营企业、外资企业都可以转化成混合所有制企业，反之亦然，国有企业可以转化成民营企业、外资企业和混合所有制企业，民营企业可以转化成国有企业、外资企业和混合所有制企业，外资企业可以转化成国有企业、民营企业和混合所有制企业，同时，不同所有制企业在向新领域、新空间扩张和深化的过程中彼此之间会因为共同的利益而互相转化或者"混合"，共同组建混合所有制企业；四是其他所有制企业转化为混合所有制企业具备相应的条件，国有企业在国有企业改革和国有经济调整过程中，通过政府相关政策引导，鼓励非国有资本参股，吸收民营资本和境外资本，组建混合所有制企业，为混合所有制企业的建立和发展创造了充分的条件，提供了广阔的空间和宽阔的舞台；民营企业在适应市场和自身转型发展的改制过程中，通过参股国有企业、吸引外资、引进其他社会资本，优化产权结构和资本结构，组建混合所有制企业，同样可以为混合所有制企业的建立和发展创造充分的条件，提供广阔的空间和宽阔的舞台；外资企业在进入中国市场和追逐自身利益最大化的过程中，通过参股国有企业、吸收民营资本和其他社会资本，促进产权多样性，提升企业竞争力，也可以为混合所有制企业的建立和发展创造充分的条件，提供广阔的空间和宽阔的舞台。

三、混合所有制企业的运作体系

（一）混合所有制企业运作概述

混合所有制企业的运作决定了混合所有制企业的产权、管控权、使用权、收益权和处置权，因此，建立混合所有制企业的运作体系至关重要。历史上，曾经出现董事至上、经理至上、股东至上、利益至上、利益相关者至上等管理理念，不管何种理念，都是为了实现混合所有制企业利益相关者的预期利益。混合所有制企业的运作体系是指混合所有制企业为了实现各利益相关者的共同利益，企业进行的母公司与各子公司、控股公司、参股公司之间的分工与协作的总称，其目的是为了提高企业对各子公司、控股公司、参股公司的掌控能力和整个企业的竞争能力。混合所有制企业的运作体系可以在母公司与各子公司、控股公司、参股公司之间、企业内部各部门之间找到一个平衡点，运用集中和分散相结合的调控手段组织企业的各项经营活动，对企业的运行起润滑作用。混合所有制企业运作的手段主要包括分解、整合和协调。分解是混合所有制企业为了追求利益最大化而进行的人员、资源、任务在母公司与各子公司、控股公司、参股公司之间、企业内部各部门之间的分配，分解主要取决于技术要求、工作性质和岗位职能，可以给企业带来专业化。整合是混合所有制企业为了完成大的战略调整或战略任务而进行的人员、资源等各种要素的集中，体现了"集中力量办大事"的思想，当个别的子公司、控股公司、参股公司或个别部门不能完成任务的时候，就需要把优势资源集中进行"攻坚"。协调是混合所有制企业为了提升整个企业的协作能力和整体战斗力而进行的"权力再分配"，从而达到各母公司与各子公司、控股公司、参股公司之间、企业内部各部门之间顺畅衔接、有效配合。

（二）混合所有制企业运作体系的建立阶段

混合所有制企业运作体系的建立主要包括创立期和生长期两个阶段。在创立期，第一，要建立企业内部各种职能部门，如负责企业发展战略和市场竞争力的战略规划部、负责企业资金运行管理和资产优化增值的财务运营部、负责企业人力资源建设和人力人才分配的人力资源部、负责收集分析企业内外部信息的情报信息部、负责企业投资和新项目、新领域拓展的投资策划部等。第二，要制定和规划发展战略，在充分分析混合所有制企业的现实状况和外部发展环境的基础上，制定企业的发展战略，然后根据企业的发展战略，整合重组企业现有部门和业务，确定新业务的拓展领域和介入范围，削减效益不佳的"夕阳"业务，在战略维度、空间维度、时间维度上明确企业的产业体系和母公司与各子公司、控股公司、参股公司之间、企业内部各部门之间的战略分布。第三，要建立企业的辅助运作系统，包括建立与企业业务密切关联的客户系统和供应系统，建立包括信息管理分析研判、市场行情分析、战略决策可行性论证的决策咨询系统，建立适应公司战略调整和战略发展的岗位开发系统和与岗位相匹配的人才培养的人力资源开发系统。在创立起运作体系后，混合所有制企业就进入了生长期。生长期的运作体系主要体现在资本运营、增加规模和扩张业务三个方面。资本运营主要是指在充分考虑混合所有制企业赖以生存的社会环境、经济环境和文化环境的基础上，建立系统的适合资本运营的企业内部组织架构。增加规模是指在充分发挥企业优势领域的基础上，为了扩大企业产能、发挥规模经济效应而进行的母公司与各子公司、控股公司、参股公司之间、企业内部各部门之间关系的理顺。扩张业务是指混合所有制企业在慎重决策的基础上，为了进入新的生产领域而进行的企业战略规划组织架构、人力资源组织架构、情报信息组织架构、投资策划组织架构和相应的管理体系的完善和健全。

（三）混合所有制企业运行体系的建设策略

参照国内外混合所有制企业运行体系的建设实践和经验教训，混合所有制企业运行体系建设的基本策略主要应包括以下几个方面：一是建立科学的企业发展战略。这是混合所有制运行体系建立的指导思想和重要前提。混合所有制企业在充分了解自身发展现状和自身优势条件、劣势不足的基础上，审视自身发展环境，了解市场需求和产业发展状况，对企业的长期健康发展进行战略性规划，发挥企业投资主体作用，优化配置企业资产，实现企业资产的合理流动和保值增值，围绕资产运营，运用科学的管理和灵活的运营，实现企业的经济效益和社会效益。二是建立健全的企业规章制度。企业的发展战略需要健全的企业制度体系来实现。现代企业制度包括企业章程、企业发展规划、企业财务管理规定、企业行政管理办法、企业投资办法、企业人力管理办法、企业工会章程以及董事会和股东会制度，董事会与管理经营者之间的委托代理制度，董事与股东之间的委托代理制度等。三是建立企业治理机制。企业的发展战略和企业的规章制度需要有一套治理机制来具体执行落实，再好的发展战略和规章制度，如果没有一套好的治理机制去执行，企业也不会有好的效益。因此，应在各子公司、控股公司、参股公司之间建立横向的相互协作、共享机制，在企业内部各部门之间建立纵向的财务管理、预算投资、采购分销、人力管理、绩效评价、激励约束等治理渠道，形成纵横交错、相互衔接、紧密协作的治理机制。四是建立人才管理使用机制。人是一切社会活动中最活跃的因素，是一切活动的具体执行者，混合所有制企业的发展战略需要在规章制度的约束下、在治理机制的管控下，通过企业员工来具体执行实施。五是建立企业员工信息和薪酬系统，确保企业对员工信息进行了解和掌控，确保企业能够科学合理地执行约束激励制度，建立企业人才评价体系，采取定性与定量相结合的方式，从德、能、勤、绩、廉五个方面对企业员工进行考核评价。

第五节　我国混合所有制经济发展的困境及突破

一、混合所有制经济发展的历史障碍

中华人民共和国成立后到改革开放前的近三十年里，我国严格执行计划经济体制，这一时期唯一的所有制经济就是公有制经济，包括集体所有制经济和全民所有制经济，在计划经济僵化的体制下，长久以来，集体所有制经济和全民所有制经济之间各自分离、各自封闭、互不联系、互不交叉，集体所有制经济和全民所有制经济内部的生产组织和企业之间、甚至集体所有制经济内部生产组织和企业之间、全民所有制经济内部的生产组织和企业之间也是如此。这种僵化的体制带来的不仅仅是集体所有制经济之间、全民所有制经济之间、集体所有制经济和全民所有制经济之间的割裂和分散，更重要的是使公有制经济和私有制经济之间的并存、融合成为不可能，这最终导致了当时

我国经济发展的活力和动力不足。改革开放初期，我国全国上下思想得到了解放，经过多种所有制经济的大力发展，逐步实现了公有制经济为主体、多种所有制经济并存，但这种"并存"最初是各种所有制经济之间相互独立、相互隔绝地"并存"，每一种所有制经济对应着一个国民经济板块，各个板块之间还是自分离、各自封闭、互不联系、互不交叉，这种制度造成割裂仍然没有使我国经济潜力得到释放，仍然不利于国民经济的发展和各种所有制经济的自身发展。经过多年的市场经济实践和科学探索，我国更加灵活的社会主义市场经济逐步建立起来，中国特色的社会主义经济体制逐步确立，发展混合所有制经济已经上升成为国家战略。

二、混合所有制经济发展的现实障碍

混合所有制经济发展的前提是各种所有制经济积极主动，各类所有者之间主动想参与混合所有制经济，这样各类主体才能形成共同目标、达成共同利益、营造共赢局面，才能为真正的"混合"创造条件，这其中关键是在法律框架内保证各类参与主体自身的利益诉求得到满足。与此同时，各类所有制经济之间的混合是在经济全球化、信息化，在国家新型工业化、城镇化的背景下进行的，通过各种所有制经济的混合达到抱团发展，增强各自实力，增加彼此的核心竞争力。但是，从我国当前的所有制经济发展格局和发展实践来看，发展混合所有制经济还存在一定的现实障碍：一是重点领域存在垄断现象。目前我国涉及国计民生的核心行业，即使避开银行业不谈，如铁路、民航、能源、通讯、基础设施建设、烟草等行业还存在垄断现象，在这些行业中，国有经济、国有资本、国有企业实力及其雄厚，其他所有制经济、资本、企业难以进入。二是国有企业改革有待及时跟进。涉及国计民生的重点领域中，都是大型、特大型国有企业，这些国有企业的现代产权制度改革和现代企业制度改革还没有完成，国有资本规模及其庞

大，民营资本无法与之合作和匹配。三是遗留政策壁垒尚未清除完毕。改革开放以来，我国给予国民经济重点领域的国有企业和国有资本诸多的优惠政策和保护性措施，目前由于国有企业改革滞后，这些政策对于民营经济和外资经济的壁垒作用还没有完全移除。四是民营资本和国外资本自身的问题。民营经济和民营资本在我国经济发展过程中形成了典型的发展模式，如温州模式、苏南模式，但是仍然需要在应对经济全球化的挑战、与城市同步发展的战略、产业结构的优化升级调整、区域经济的转型升级等方面继续突破和发展，形成新的与混合所有制经济发展相适应的发展模式，虽然国务院于 2005 年和 2010 年两次颁布"民营经济 36 条"，而且国家发展和改革委员会也出台了相应的实施细则，但是由于各种原因，民营经济和民营资本在城市基础设施、国民经济重点领域、社会公共事务、社会有关领域服务等方面，仍然需要大力发展。外资经济虽然具备国际化、现代化、高科技、高素质人员等优势，但是考虑到国家发展战略和国家安全，外资经济依然面临较大的本土化压力。

三、混合所有制经济自身面临的发展挑战

我国当前发展混合所有制经济机遇和挑战并存，但机遇大于挑战，我们在大力发展混合所有制经济的同时更应该清醒地看到我国发展混合所有制经济面临的最大挑战就是国有资产的保值增值问题。长久以来，我国国有资产的管理运作基本都是以国有企业实体为载体进行管理经营，但是当国有企业运作不佳、缺乏活力、处于亏损时，国有资产就有可能被动地面临无法增值或者亏损的危险，那么解决国有资本保值增值问题就要进行良好的国有资产运作。实现国有资产保值增值，需要通过生存管理、经营管理、资本管理三个途径来完成，这其中最重要就是资本管理。从管理学上来看，资本管理主要有四种途径：一是存量资本优化，就是通过对生产资本、商品资本和货币资本的结构

和比例进行调整来实现现有资本的优化；二是增量资本扩充，就是在现有存量资本基础上，追加新的资本，增加资本规模；三是资本流动，这其中包括资本集中与分散，资本集中就是通过各种形式集聚资本，增大现有资本总量，资本分散就是根据实际需要，把资本总体分割成规模较小的资本，资本集中和分散的过程就是资本流动的过程；四是要素流动，就是通过改变生产过程中或生产过程外的生产要素、人力要素、环境要素、制度要素等要素的配置和形态来实现资本总量的变化。国有资产保值增值的理想状态是以各种所有制、各种所有权资本间的混合为基础，以现代产权管理和治理结构为纽带，以国有资产跨产业、跨区域、跨所有制流动为基本形式，建立跨产业、跨区域、跨所有制的大型企业，形成由国有资本控股或参股的各种所有制并存的混合所有制企业，以此来实现国有资产的保值增值，同时，如果组建的混合所有制企业是国有控股，还可以达到以少量国有资本引导大量社会资本的效果，实现我国经济的健康持续发展。

此外，我国发展混合所有制经济还面临的一个重要挑战就是国民经济重点领域国有企业和国有资本与民营企业和国外企业的混合要考虑国家发展战略和国家安全，而不应该是仅考虑应该怎样"混合"，更应该考虑能不能"混合"以及"混合"后的不利因素。如何把握好混合的"度"，保障我国国有经济的主体地位也是应该考虑的问题。所有的上述这些挑战，需要我们继续深化国有企业改革，继续进行国有经济战略性配置，继续扩大对外开放，扩大引进外资的数量和规模，继续活跃民营经济和个体经济，继续完善顶层制度设计，继续创新混合所有制企业的运营模式，以保证我国经济健康持续发展。

四、混合所有制经济的发展思路

理论研究的目的是为实践提供行动指南，理论研究的价值和归宿就是探索事物内涵本质、揭示事物发展规律、应用于解决实践问题。

由于我国目前发展混合所有制面临的上述种种历史的、现实的和自身的问题困境，所以如何更好地发展我国的混合所有制经济就成为摆在我们面前的重要课题。为此，通过理论研究，提供我国目前混合所有制经济发展的思路是开展理论研究的应有之义。目前我国要在习近平新时代中国特色社会主义思想指导下、在战略性发展思维的引领下、在经济全球化大背景中、在我国改革开放以来的中国特色社会主义经济发展是实践中思考如何更好地发展混合所有制经济。我国发展混合所有制的思路主要是拓宽我国混合所有制经济发展的空间。混合所有制经济是在多种所有制经济并存、融合、混合的基础上发展而来的新生事物。因此，混合所有制经济的发展需要拓宽自身的发展空间，具体来讲包括两个方面：一方面，可以从现有的各种所有制经济各自的发展空间中挤出一部分空间来作为发展混合所有制经济的空间，这是从存量的视角来看的；另一方面，在包含混合所有制经济的各种所有制经济的未来发展过程中，各自公平、自主地共同发展，这是从增量的视角来看的。上述是从理想化的层面讨论的，但是在现实中，各种所有制经济都不想把自己的一部分发展空间拿出来发展混合所有制经济，而且在新的发展过程中，各种所有制经济的发展速度和自身体量也不尽相同。因此，当前我国发展混合所有制经济主要应该从其他所有制经济的退出中寻找空间，在各种所有制经济动态的发展调整过程中寻找空间。目前我国国有经济有很大的退出潜力，除少数战略性行业的国有企业外，国有企业从一般竞争性行业中挤出一部分发展空间来发展混合所有制经济是必要的，也是可行的，推动一般竞争性行业国有企业混合所有制改革，降低非公有资本的准入门槛，以此来换取我国混合所有制经济的发展空间。上述做法还会带来"副产品"，就是把腾出来的国有资本投资于其他先导性、基础性、战略性的行业，同样会创造出发展混合所有制经济的空间，这样既能够保证国有资本在旧的行业中实现保值、增值，又能够保证国有资本在新领域中充分发展。

　　此外，为了我国混合所有制经济更好的发展，还需要继续深入研究探索，明确以下问题：第一，如何在发展混合所有制经济的同时更好地保障我国公有制经济的"主体地位"，以及如何科学地做好国有经济的战略调整、如何更好地开展国有企业现代企业制度和现代产权制度改革等问题；第二，如何处理好发展民营经济、外资经济与发展混合所有制经济之间的关系，发展混合所有制经济如何处理好与改革开放、解放生产力之间的关系问题；第三，探讨与我国社会主义初级阶段基本国情、中国特色社会主义基本经济制度相适应的混合所有制发展的内在规律和相关法律、政策、措施的制定等问题；第四，研究混合所有制经济与现代产权制度、现代企业制度、现代产权市场、现代资本市场之间的关系问题，以及如何完善现代产权和资本市场来促进混合所有制经济发展的问题；第五，探讨各种所有制经济形态的内在本质属性及其在我国经济社会发展中的贡献度，以及与社会主义经济社会建设协调发展等问题；第六，研究如何在信息化、经济全球化和新时代发展混合所有制的问题。研究清楚了上述问题，我们就能够找到我国发展混合所有制的行动指南，就能够制定出全面、科学、系统的政策方针和具体措施来发展混合所有制经济。

第六节　新时代我国的混合所有制经济

一、新时代发展混合所有制经济的必然性

（一）发展混合所有制经济是马克思主义经济理论在新时代的继续发展

　　马克思主义所有制理论存在于马克思政治经济学中的关于生产关系和生产力之间的辩证关系理论之中，马克思历史唯物主义的核心理

论是生产力决定生产关系，生产关系是不以人们的意志为转移的物质社会关系，生产关系中的物质利益是由生产资料所有制和人们在生存关系中的地位所决定的。其中的生产资料所有制有两种基本形式，一种是公有制，一种是私有制，但是二者之间并不是互不干涉、泾渭分明的，相反，马克思对经济发展过程中伴随的"混合"科学地进行了归纳和总结。马克思在《资本论》中提出，股份资本是建立在社会生产方式的基础上并以生产资料和劳动力的社会集中为前提的资本，在这里直接取得了社会资本（即那些直接联合起来的个人的资本）的形式，而与私人资本相对立，并且它的企业也表现为社会企业，而与私人企业相对立①。股份制经济是不同所有者之间资本的混合，也是不同所有制性质资本的混合，公有资本和民营资本、外商资本等非公有资本，都是资本、产权，没有差别，只是在所有者和产权主体性质上存在不同。因此，如果在法律和政策上给予所有不同性质产权的资本以平等的待遇和保障，那么不同性质产权的资本就能够根据自身的实际需求进行混合，也就是说，为不同性质的资本和产权能够根据资本所有者和产权主体的意愿存在于一个经济组织中奠定了法理基础，那么资本所有者和产权主体就可以根据自身实际需要随时、随地以任何形式对持有资本和产权进行混合。从实际情况来看，只要是不同性质资本和产权在市场中运行，发生市场经济行为，就有不同资本和产权相互混合的可能性，不管这种资本是公有制资本还是私有制资本，也不管这种产权主体是国有还是私有，这样就产生了混合所有制经济。股份制是这种混合所有制经济的最合适的组织形式，不同性质的资本和产权都可以互相组合成股份制的股份有限公司和有限责任公司。股份制和混合所有制经济符合马克思关于所有制经济的基本论述，是新时

---

① 中共中央马克思恩格斯列宁斯大林著作编译局. 马克思恩格斯全集（第25卷）[M]. 北京：人民出版社, 1974:493.

代马克思主义经济理论的再次丰富和创新发展。

（二）发展混合所有制经济是中国特色社会主义经济发展道路在新时代的延伸

自中华人民共和国成立以来，我国经济在不断完善和纠正错误中改革、发展，最终建立起了以公有制为主体、多种所有制经济共同发展的基本经济制度，进行了中国特色社会主义经济理论创新，走出了一条适合自身的中国特色社会主义经济发展道路，并且取得了举世瞩目的发展成就。改革开放前，我国基本上是复制苏联的经济发展模式，大力发展单一的公有制经济制度，建立了庞大的公有制经济体系，在一定程度上影响了我国经济发展，在"解放思想、实事求是"精神的号召下，党的十一届三中全会胜利召开，我们党以巨大的政治勇气和高超的实践智慧科学回答了"什么是社会主义？如何建设社会主义？"这一社会主义发展的根本难题，找到了"什么样的经济模式更适合社会主义经济的发展？"的正确答案，以所有制经济理论为代表的社会主义市场经济理论创新取得实质性突破，我国经济体制由原来的计划经济体制逐步转型为市场经济体制，形成了以公有制为主体、多种所有制经济并存的发展局面。多种所有制经济并存为混合所有制经济发展提供现实可能性，是混合所有制经济发展具备的前提性条件。进入新时代后，我国从战略上明确了现在正处于重要的战略机遇期，我国的各项事业开展得如火如荼，在党的十八届三中全会上我党提出了全面深化改革的战略目标，着力进行供给侧结构性改革，转变经济发展方式，以高质量发展替代高速度发展，我国各项事业进入了内涵式发展和创新发展时期。在经济体制改革领域，随着改革开放的不断深入，我国经济国际化、市场化、开放性逐步增强，民营经济、个体经济、外资经济等非公有制经济得到了充分发展，体现了空前的活力。单一的经济形式无法满足我国新时代的社会生产力的实际需求，也不符合我国现阶段经济发展的特点，我国公有制经济与非公有制经济的混合势在必行，发展混合所有制经济顺应时代。当前我国发展混合所有制经济需要与我国社会经济发展战略、国有经济战略性调整、深化国有企业改革、坚持公有经济主体地位、其他所有制经济的发展等结合起来，不同所有制经济的融合、各种所有制经济的发展形成了中国特色社会主义经济发展精彩纷呈、欣欣向荣的局面，在新时代延伸了中国特色社会主义经济发展的道路。

（三）发展混合所有制经济是我国经济发展实践的必然产物

党的"十八大"以来，我党创造性地提出"使市场在资源配置中发挥决定性作用，更好发挥政府作用"，这在我国经济领域又是一次深刻的历史性变革，把我国经济发展推向了更加深入的阶段。从实际效果上讲，处理好市场与政府之间的关系是社会经济健康发展的基本保障，随着我国改革开放的持续深入和社会经济的持续发展，到底如何处理市场与政府的关系、如何看待市场和政府的作用成为摆在我们面前的重要课题。从一般意义上讲，市场和政府都能够在社会资源配置中发挥作用，但是到底谁的作用更大、市场和政府的作用到底有多大，可以通过人根据经济体制来决定，也就是如何看待和处理市场与政府之间的关系和作用可以由政府根据经济体制来决定：在计划经济体制下，只允许政府在社会资源配置中起决定性作用，市场的作用被严重忽视；在市场经济体制下，只允许市场在社会资源配置中起决定性作用，政府的作用被严重忽视；在中国特色社会主义市场经济体制下，就需要市场和政府相互配合、相互支撑、谁起决定性作用根据多种因素来确定。改革开放以来，我们一直在探索我国市场与政府在配置社会资源中的地位问题。党的"十四大"和"十五大"都指出要使市场在国家宏观调控下对资源配置起"基础性作用"，2002年党的"十六大"报告进一步提出要"在更大程度上"发挥市场在资源配置中的基础性作用，2007年党的"十七大"要求"从制度上"更好发挥市场在资源配置中的基础性作用，2012年党的"十八大"要求"更大程度更广范围"发挥市场在资源配置中的基础性作用，2013年党的十八届三中全会历史性地提出"使市场在资源配置中发挥决定性作用和更好发挥政府作用"。我国现阶段经济的发展和现代生产力的发展要求发展混合所有制经济，在中国特色社会主义发展实践中，在我国全面进入新时代的历史时刻中，在以公有制为主体多种所有制经济共同发展的历史定位中，加强各种所有制经济之间的合作和联合、不同所有制经济之间的混合成为我国经济发展的必然趋势，同时，我们应该认识到这种混合所有制可以提高市场经济中原有的规模经济和体量经济的发展效益，提高中国经济发展的竞争力和推动力，因此，发展混合所有制经济是我国经济发展实践的必要要求和必然产物。

（四）发展混合所有制经济是我国社会主义基本经济制度的重要实现形式

党的十八届三中全会通过的《中共中央关于全面深化改革若干重大问题的决定》要求"积极发展混合所有制""国有资本、集体资本、非公有资本等交叉持股、相互融合的混合所有制经济，是基本经济制度的重要实现形式，有利于国有资本放大功能、保值增值、提高竞争力，有利于各种所有制资本取长补短、相互促进、共同发展"。这一决定第一次在党的政治纲领中明确了混合所有制经济是我国基本经济制度的重要实现形式。混合所有制经济不仅是以公有制为主体多种所有制经济共同发展的基本经济制度的重要实现形式，也是其具体实现形式。改革开放以来，我国经过持续探索和不断总结，确立了中国特色社会主义基本经济制度，开创了国有经济、民营经济、个体经济、外资经济等多种所有制经济并存并共同发展的经济格局，国有经济、民营经济、个体经济、外资经济等多种所有制经济是我国基本经济制度的基本实现形式，但随着社会生产力的不断发展、生产要素的不断增加和复杂化、我国经济发展的不断开放多元、经济全球化交融性的不断影响，我国经济仅凭借基本实现形式还不足以满足社会生产力的要求和经济的发展特点，因此，多种所有制经济之间的交叉融合，成为了我国经济发展的必由之路，混合所有制经济由此诞生并逐步发展。目前，我国基本经济制度发展样态，除了国有经济、民营经济、个体经济、外资经济等基本实现形式外，在混合所有制经济之外还没有找到更加合适、更加深入的发展样态，目前的混合所有制经济代表了我国基本经济制度的重要发展样态，也就是我国基本经济制度的具体实现形式和重要实现形式。我国非公有制经济体量已经超过国民经济的半数以上，面对如此庞大的经济体量，我国非公有制经济还存在发展程序不规范、发展结构不平衡、发展地域不均衡、产业发展不合理、发展活力和动力不足等问题，非公有制经济仍然需要花大力气解决自身的存在问题，但是由于非公有制经济微观单位（即公司企业）数量庞大、政府统一引导力度较差、政府约束效力低，致使这些问题解决起来存在极大困难，《中共中央关于全面深化改革若干重大问题的决定》提出"鼓励非公有制企业参与国有企业改革，鼓励发展非公有资本控股的混合所有制企业，鼓励有条件的私营企业建立现代企业制度"，显然现在的非公有制企业还不能很好地满足这一要求。混合所有制打破了传统意义上的公有制和私有制之间的严格界限，找到了公有制经济和私有制经济之间的桥梁，有利于公有制经济和私有制经济的共同发展，有利于国有经济战略性调整和国有企业深入改革，有利于民营经济、个体经济和外资经济的持续发展，有利于我国经济的长期、稳定、繁荣发展，为我国继续坚持基本经济制度找到了具体方案。

二、新时代混合所有制经济与政府、市场的关系

（一）混合所有制经济是市场在资源配置中起决定性作用的重要保证

从一般意义上讲，市场和政府都能够在社会资源配置中发挥重要

作用，就二者的关系而言，现阶段是：使市场在资源配置中起决定性作用和更好发挥政府作用。那么，什么是中国特色社会主义市场经济体制？其与资本主义市场经济体制的本质区别是什么？二者都是让市场在社会资源配置中起决定性作用，但是其本质区别就是在市场配置社会资源的过程中国有资本能不能与非国有资本混合，也就是公有制经济能不能与非公有制经济混合，即是否发展混合所有制经济。资本主义市场经济体制下，公有制经济不占国民经济主导地位，私有经济规模庞大，且公有制经济与私有制经济之间存在相对严格的界限，发展混合所有制经济比较困难，而中国特色社会主义市场经济体制仍然是公有制占主体的市场经济，而且允许公有制经济与私有制经济互相混合，发展混合所有制经济。因此，混合所有制经济能够在中国特色社会主义市场经济体制下充分保障市场在资源配置中的决定性作用。

（二）混合所有制经济有利于更好地发挥政府作用

中国特色社会主义市场经济体制与资本主义市场经济体制的区别除了是否发展混合所有制经济以外，还体现在政府更好地发挥作用上。中国特色社会主义市场经济体制下和资本主义市场经济体制下政府发挥的作用有很大差别，资本主义市场经济体制下的政府主要起协调、管理和适当宏观调控的作用，主要包括协调国民经济运行各个部门，为国民经济运行提供保障，管理各经济部门运行中的具体行为，规范约束各经济部门和具体行为人的行为方式，通过调整利率、调整存款准备金率、调整国债发行收购规模和比例等方式适当宏观调控国民经济发展，以达到国民经济健康发展的目的。社会主义市场经济体制下政府在经济领域发挥的作用要远远多于、大于前者，包括规划国民经济发展，为国民经济发展制定发展战略和发展规划并着力落实规划执行；调节、干预国民经济运行，宏观调控国民经济发展，在市场"失灵"的地方、领域发挥政府的补充作用；引导社会财力、物力、人力合理流动，打造经济发展模式，优化资源配置方式，提高资源利用率，甚至会直接配置一部分资源；利用法律规范市场主体间的权利和义务，为市场经济顺利运行提供保障；优化国民收入分配，实现各部门、各地区、各单位、各领域、个人之间合理公平的收入等。混合所有制经济除了能够保证市场在资源配置中的决定性作用，还有促进政府更好发挥作用的功能。通过发展混合所有制经济，可以增加非公有制经济的发展活力，克服非公有制经济发展过程中的部分问题，强化国有经济对国民经济的掌控力度，进而强化政府对整个国民经济运行过程中的干预力度，更好地发挥社会主义市场经济体制下政府的协调、规划、调控、引导、监管等作用。

三、新时代我国混合所有制经济的发展思路

探究新时代我国混合所有制经济发展思路，必须在中国特色社会主义进入新时代这个新的历史方位中，在实现中华民族伟大复兴中国梦的指引下，在"从 2020 年到 2035 年，在全面建成小康社会的基础上，再奋斗十五年，基本实现社会主义现代化""从 2035 年到 21 世纪中叶，在基本实现现代化的基础上，再奋斗十五年，把我国建成富强民主文明和谐美丽的社会主义现代化强国"的战略规划中来统筹思考。

（一）全面总结经验，优化发展环境

历史上、国内外的所有制经济发展历程为我们发展混合所有制经济留下了宝贵的经验教训，我国目前发展混合所有制经济要总结 20 世纪西方发达国家发展所有制经济的经验，总结中华人民共和国成立以来发展社会主义经济的经验教训，尤其是总结改革开放以来我国发展所有制经济的历史经验，总结当下我国混合所有制经济发展过程中的经验做法，在我国所有制经济发展现状及未来趋势的基础上，全面总结历史经验和现实教训，以期为我国混合所有制经济发展提供思路和路径。在此基础上，优化我国混合所有制经济发展的社会环境。混合所有制经济是由众多混合所有制企业组成的，优化混合所有制经济的

发展环境就是优化混合所有制企业的发展环境，而混合所有制企业主要是在当地区域经济中、在具体的城市中发展的，因此，企业所在城市和当地区域经济就成了混合所有制企业发展的直接环境。为此，要拓宽城市发展空间，为混合所有制企业创造更加广阔的时空空间、市场空间、业务空间；要优化城市运行体系，降低企业经济运营成本；要优化城市市场运作，为混合所有制企业发展提供高效顺畅的采购环境和销售环境；要优化城市产业布局，为混合所有制企业发展提供良好的产业生态和完整的产业配套；要优化城市人力资源管理，为混合所有制企业发展提供充足的人力资源。

（二）打牢发展基础，搭建发展平台

以公有制为主体，多种所有制经济并存是我国混合所有制经济发展的基础，在同一时空中多种所有制经济的并存为我国混合所有制经济发展提供了可能，为此，要坚定坚持中国特色社会主义基本经济制度，做任何决策、布置任何工作、采取任何措施都要以这个基本经济制度为基础，都不能违背这个基本经济制度，同时加强调查研究工作，了解我国社会主义市场经济发展现状及问题，积极寻求突破方法，不断充实中国特色社会主义基本经济制度的基本内涵，不断完善中国特色社会主义基本经济制度的落实举措。公有制经济和非公有制经济之间的相互渗透、相互融合、相互合作、相互混合是我国混合所有制经济发展的主要平台，只有在多种所有制经济相互渗透、相互融合、相互合作、相互混合的平台上，我国混合所有制经济才能发展。为此，要建立完善的社会主义市场经济体系，构筑多种形式、多种层次、多种样态的现代产权体系、现代企业管理体系、现代资本运作体系，规范现代市场行为，构建完善的社会主义市场制度体系，完善现代产权制度、现代企业制度、现代管理制度、现代资本运作制度，健全配套的政策体系。

（三）明确发展方向，促进企业发展

我国发展混合所有制经济具体到操作层面上就是要明确我国混合所有制经济发展的具体方向，努力促进混合所有制企业发展。具体来说就是要明确混合所有制企业的组建、管理与运营：一是混合所有制企业不同所有权、不同所有者、不同资本性质组成的不同所有制混合的企业，其他所有制企业是相同所有权、相同所有者、相同性质资本组成的单一所有制企业，要明确混合所有制企业的特殊之处；二是混合所有制企业与其他所有制企业一样，都是现代企业，都要遵守现代产权制度的要求，都要按照现代企业制度的要求来组建，混合所有制企业一般采用股份制的公司制形式；三是国有企业、民营企业、外资企业都有向混合所有制企业发展的内部动机和外部动力，但是并不是所有的企业都适合或者都必须组建混合所有制企业，组建混合所有制企业的前提是保障国家经济运行稳定、能产生"共赢"；四是混合所有制企业既包括国有企业、民营企业、外资企业之间的整合重组，也包括国有资本、民营资本、国外资本之间的混合；五是混合所有制企业与其他所有制企业可以互相转化，国有企业、民营企业、外资企业可以转化成混合所有制企业，混合所有制企业也可以转化成单一所有制企业，所以混合所有制企业运营要保障所有权和资本性质的多元化，避免企业向一元化发展。

四、新时代我国混合所有制经济的发展策略

改革开放以来，我国混合所有制经济有了一定的发展，我国进入新时代后，在国有企业改革不断深入、经济全球化不断深化的基础上，我国混合所有制经济的发展空间依旧广阔，在这一背景下，就需要我们明确我国混合所有制经济在新时代的发展策略。

（一）构建我国混合所有制经济的发展模式

我国的国有经济由公益型、垄断型和竞争型三类组成，相应的国

有企业也分为公益型企业、垄断型企业和竞争型企业（这其中包括部分事业单位，因事业单位不是本研究的内容，故与企业一并讨论）。这里的公益型国有企业（确切说应该是国有企、事业单位）主要包括依靠政府财政拨款的教、科、文、卫等事业单位及其下属的相关企业，承担国民主要服务职能的事业单位在事业单位改革中可以适当加入"混合"要素，其相应的企业和部分领域可以采取与非公有资本合作、合资，收购、兼并非公有资本等多种方式进行改制和重组。垄断型国有企业主要是指目前我国经济领域还没有放开的，事关国民经济发展的战略性行业和重点领域的国有企业，如铁路、民航、能源、通信、基础设施建设、烟草等行业领域，这些行业领域目前仍然是国有企业、国有资本一家独大。在这些领域发展混合所有制，应在谨慎分析保障国家战略安全和公有制经济主体地位的基础上，制订严格的准入标准和准入办法，制定详细的路线图和明确的时间表，分类、有序引导非公有资本进入这类国有企业的产权结构中并参与实际业务管理。竞争型的国有企业主要是指在非垄断领域行业中的国有企业，在这些行业中发展混合所有制经济要在保证公有制经济占主体的前提下，大力引导非公有资本控股、参股，吸收非公有资本，大力鼓励公有资本走出去，通过收购、兼并、重组等形式与非公有资本进行混合。

（二）调整国有经济战略布局

混合所有制改革的关键在国有经济和国有企业，混合所有制也主要是指公有经济与非公有经济、公有资本与非公有资本之间的混合。改革开放以来，我国国有经济不断进行战略布局优化调整，尤其是21世纪初期，我国经济在重点领域中的集中和其他领域的收缩更加激发了我国国民经济发展活力，促进了国民经济的发展，但是现在看来，我国国有经济仍然有比较大的战略布局优化调整空间。主要路径是国有资产一家独大的格局需要进行适当的战略调整。

（三）坚持国有经济和公有制经济的主体地位

"以公有制为主体"这是我国的基本经济制度，牢不可撼，那么，我们在发展混合所有制经济的时候就要注意这一原则，注意保护公有制经济的主体地位。21世纪初期，我国公有制经济主要集中在关系国家安全战略和民生的重要领域，而且在这些领域中的国有企业国有资产保持一家独大的态势，这些领域主要包括：关系国家安全的战略性行业，如电力网络、通信网络、广播网、交通网络等国家基础设施建设，航空、航天、军事科技、核工业等国防科技工业，供水、供气、供电、排水等城市基础设施建设等，此外还有大宗产品交易、战略物资储备等；关系国计民生的重要基础产业，如金融、电信、电力等行业领域；关系国民经济的战略性资源能源产业，如石油、天然气、矿山、重要金属冶炼、化工等，这些产业一般都是不可再生的战略性资源；国民经济支柱产业和战略性新兴产业，如高端装备制造、交通工具制造、采矿、冶金、生物医药、新能源、新材料等。在这些行业领域中，保持国有经济和国有资产的主体地位对国家战略安全至关重要。

（四）鼓励非公有制经济参与混合所有制经济

目前我国非公有制经济在国民经济中的占比已经超过60%，其巨大的经济体量使其成为社会发展和经济建设中一支不可忽视的重要力量。受目前相关政策影响，我国非公有制经济与公有制经济之间或多或少地存在市场机会不平等、经济权益不平等、扶持政策不平等等问题，非公有资本进入传统垄断行业仍然存在较高的准入门槛和相应的制度壁垒，非公有资本所有者担心进行混合所有制后自身话语权得不到保障、自身经济诉求得不到保障、自身合法权益得不到保障。为此，目前我国应废除不利于构建公平市场的政策制度，改革行政审批和政府服务制度，降低非公有制经济进入垄断行业的准入门槛，破除阻碍非公有制经济发展的制度壁垒，完善相关政策法规，加大引导和鼓励非公有资本的政策力度，构建公平、高效、科学、规范的市场经济运行体制机制，为非公有制经济参与混合所有制经济提供机会、提供平台、提供服务。

第二部分
职业教育办学模式和职业教育
办学模式改革

第二章　职业教育办学模式研究

从一般意义上讲，职业教育混合所有制改革属于职业学校办学模式改革的范畴，因此，在研究中等职业教育混合所有制之前有必要首先明确职业教育办学模式的相关情况，对职业教育办学模式的概念内涵、本质属性、地位作用、基本观点进行研究，为后续研究打下基础。

第一节　办学模式

一、办学模式研究现状

目前，学界对办学模式的定义尚无定论。究其原因：一是现有的教育理论专著一般都是从大教育的视角或普通教育的视角进行阐释；二是办学模式是从职业教育研究引申出来的概念，职业教育基本概念的研究目前尚需加强；三是办学模式是一个看上去很"老"的"新"（或"比较新"）概念，由于关注办学模式的领域主要在职业教育领域，其他学者还没有关注到；四是各领域的基础概念一般都由比较权威的专家学者进行研究，而目前教育领域的权威专家学者一般都集中在普教领域；五是教育理论研究主要集中在教学领域，其更高层面的学校办学不是学者们关注的重点。

从现有的关于办学模式的研究来看，有的学者认为：办学模式需要以一定的指导思想和管理理念为导向，学校通过长期的实践教学从经验中总结出抽象的内涵进行概括归纳而成，以教育和培养人才为目的，是一种极具艺术特色的个性化管理结构和操作程序；[1] 有的学者把办学模式定义为：受一定历史条件限制，是在实践过程中逐步形成的规范化、制度化的办学形态且以一定办学思想为指导，体现了办学体制、投资体制、管理体制与高等学校之间稳定和谐的权利结构和关系；[2] 有的学者认为：办学模式的催生是受历史条件制约的，是在时间和实施的过程中逐渐形成的以一定办学思想为指导，规范化、制度化的一种办学形态，体现的是有关办学、投资、管理与高等学校之间较为稳定的权利结构关系；[3] 还有学者从要素的视角对办学模式进行研究，把办学模式定义为：在具体历史条件和办学思想的主导下，建立起的有关办学目标、投资体制、办学方式、教育结构、管理制度和运行机制的一种理论模型，这种模型具有典型的外在特征。[4]

二、办学模式研究存在的问题及辨析

通过上述研究可以看出，办学模式的学术探讨一般都与职业教育改革相关，尤其是高等职业教育居多，普通高校关于办学模式的研究和基础教育关于办学模式的研究较少。现有的关于办学模式的研究主要是从大教育的概念出发，这样的视角的缺陷就是定义过于泛化，没

---

① 郭景扬. 学校素质教育办学模式研究 [M]. 徐州：中国矿业大学出版社，2001.

② 田玉兰，田玉晶. 高等职业教育办学模式的比较研究 [J]. 金融理论与教学，2003(4):62-64.

③ 潘懋元，邬大光. 世纪之交中国高等教育办学模式的变化与走向 [J]. 教育研究，2001(03): 3-7.

④ 董泽芳. 现代高校办学模式的基本特征分析 [J]. 高等教育研究，2002(5):60.

有把办学模式的自身本质和特点说清楚，没有抓住办学模式的核心要义。就现有的研究来看，有的学者把"办学模式"与"教育模式""运行模式""人才培养模式"混为一谈，使人们对办学模式概念的理解产生了误导和混淆。

一般来讲，"办学模式"是"人才培养模式"的上位概念，是"教育模式"的下位概念，其包含着具体的"运行模式"。"教育模式"可以从宏观、中观、微观三个层面来研究，宏观层面：教育发展研究、教育战略研究，中观层面：办学模式研究、学校运行方式研究，微观层面：教学模式研究、学校管理方式研究。《教育大辞典》对"教育模式"的定义有三条：①教育在一定社会条件下形成的具体式样。日本学者村井实把社会历史发展中先后出现的教育模式概括为：手工模式、农耕模式和生产模式。手工模式把教育比喻为制作东西，把儿童当作被制作的黏土，可捏造成型；农耕模式把儿童比作植物，具有自然生长力，强调儿童自然生长；生产模式把儿童看作材料，把教育看作工厂，经过一定程序把儿童加工成国家有用的人才。其共同点，都不把儿童当人看待。他主张现代教育应该是人类模式，即把儿童当人看待。②反映某个国家教育制度特点的式样。如法国模式，强调国家办学，集中统一；美国模式，提倡地方分权，开放、多样。③某种教育和教学过程的组织方式，反映活动过程的程序和方法。具有代表性的有赫尔巴特的教学模式和杜威的教学模式。①

三、办学模式释义

"办学"是伴随着作为独立教育机构的学校的产生而产生的概念，在人类发展史上具有重要影响，其作为一个概念，内涵极其丰富，外延同样宽泛。《辞海》中的"办"是经营、创建的意思，《现代汉语辞

---

① 顾明远. 教育大辞典 [M]. 上海：上海教育出版社，1999:233-234.

典》把"办学"看作是创设、兴办、管理学校。从学校运行实践来看，办学主要有两种解释，一是举办、创办学校，二是管理经营学校。前者是指建设、创立学校，涉及投资结构问题，即谁出钱建立学校，后者是指学校的管理和经营，涉及学校以什么方式运行的问题即学校的运行机制，包括管理制度、人员结构及聘任、人才培养方式、组织机构等。

《现代汉语大词典》指出：模式是某种事物的标准形式或使人可以照着做的标准样式，《牛津词典》把"模式"定义为方式方法、样式风格，《国际教育百科全书》中定义的"模式"是对任何一个事物的探究都有一个过程。在鉴别出影响特定结果的变量，或提出与特定问题有关的定义、解释和预示的假设后，当变量或假设之间的内在联系合并成一个假定的模式，《辞海》中"模式"的定义是格式、样式。作者认为，"模式"是人们对事物的存在形式和运行方式进行抽象后做出的概括，即人们为了某种目的，对事物的外在表现形式、运行机制方式和运动发展态势等方面做出的概括性描述。通俗地讲，模式就是在一定的客观条件和环境作用下，在事物发展运行过程中，逐步形成的具有自身典型特征和特点的模型或式样。模式既是对具体事物的一般描述，又是对具体事物的理论概括；既是对事物外在表现形式的概括，又是对事物运行方式的概括；既是对事物运行机制的概括，又是对事物运动发展态势的概括。模式一般具有三方面的要素：事物的规范或标准、事物现象的抽象概括和人们可以学以致用的内容。[①]

目前，关于办学模式的概念尚未形成统一的、权威的界定，对其研究也仅散落在相关的研究文献之中。"办学模式"作为"教育模式"的下位概念，定义其概念可以参照"教育模式"的概念，而且"教育模式"概念中的"②③"与"办学模式"的契合度和相关度较高。因

---

① 郭静. 高等职业教育办学模式存在的问题及对策研究 [D]. 郑州：郑州大学，2007.

此，结合"模式"和"教育模式"两个上位概念，作者认为，办学模式是指教育机构在特定环境中，在具体的教育理念和办学目标的指引下，在机构投资结构、管理体制、组织体系、运营机制中体现的具有特有属性的结构形态。因此，办学模式的要素包括环境条件、教育理念或办学目标、组织体系、投资结构、管理体制、运营机制等。

第二节　职业教育办学模式

一、职业教育办学模式的内涵

（一）内涵

内涵在逻辑学上是与外延相对的一个概念，是指反映概念所指对象的本质属性的总和，而外延则指一个概念所确指的全部对象，如"国家"这个概念的外延包括古今中外所存在的一切国家。[①]明确研究对象的内涵是一切研究的基础和根本，只有弄清楚研究对象的内涵，对研究对象的本身进行深入探讨，才能为后续研究打下坚实的基础，才能保证后续研究的正确性和科学性。研究内涵就避不开对概念的探讨，因为概念与内涵二者相辅相成，互相依托，概念是内涵的外在表现，是揭示事物内涵的表述，但概念又不仅仅包括内涵，还包括对事物外延的阐述。毛泽东在《实践论》中，对概念做了深入的阐述，他认为概念这种东西已经不是事物的现象，不是事物的各个片面，不是它们的外部联系，而是抓着了事物的本质，事物的全体，事物的内部联系了。概念同感觉，不但是数量上的差别，而是有了性质上的差别。[②]

因此，在探讨职业教育办学模式前，应首先明确职业教育办学模

---

① 翟文明，李治威. 现代汉语大辞典 [M]. 北京：光明日报出版社，2003.

② 中共中央毛泽东选集出版委员会. 毛泽东选集：第一卷 [M]. 北京：人民出版社，1952.

式的内涵，通过职业教育和办学模式两个概念内涵的界定，全方位了解和界定职业教育办学模式的内涵，为中等职业教育办学模式改革研究打下坚实的基础。

（二）职业教育

职业教育是职业教育办学模式的上位概念，深刻理解职业教育的内涵对于探讨职业教育办学模式的内涵至关重要。从以往研究来看，我们主要从职业、技术、人才几个子概念探讨职业教育的内涵。职业教育是基于行业职业的教育，任何行业职业都对岗位技术有相应的要求，同时技术的发展也会反过来促进职业的分化和变更，技术的培养最终要体现在人的身上，因此研究人才及其培养标准、模式、途径对职业教育的研究有重要价值。

1. 职业

从经济学角度看，美国学者阿瑟·萨尔兹编撰的《社会科学百科全书》提出职业是人们为了获取经常性的收入而从事经常性的特殊活动。日本学者保谷六朗认为职业是有劳动能力的人为了生活所得而发挥个人能力，向社会做贡献而连续从事的活动。我国学者一般把职业定义为劳动者从事的相对稳定的、有经济收入的、有专门类别的工作，如职业是劳动者能足够稳定从事的有酬工作，职业是劳动者足够稳定地从事某项有酬工作而获得的劳动角色。我们同时可以看到，学者对职业的经济学内涵的理解比较局限，强调稳定、有报酬、有门类，但是随着社会的发展，职业体现了灵活性、志愿性和零散性等特点，目前出现的新兴职业中很多都是不够稳定的，而且很多没有被划归到具体的门类中。

从社会学角度看，美国学者泰勒认为，职业是一套成为模式的与特殊工作经验有关的人群关系。日本学者尾高邦雄把职业定义为某种一定的社会分工或社会角色的持续的实现，包括工作、工作场所和地位。也有人认为职业是社会与个人，或整体与个体的结节点；整体靠个体通过职业活动来实现，个体则通过职业活动对整体的存在和发展做出贡献。①《社会学小词典》中，职业是指存在社会分工的社会中，认为的作为独立的社会单位存在、谋求自己生计的维持，同时实现社会联系和自我实现而进行的持续的人类活动的方式。《社会学辞典》中的职业有两个定义：一是人们所从事，赖以谋生的工作性质、内容和方式；二是依人们参加社会劳动的性质和形式而划分的社会劳动集团，是一种重要的社会现象，是应用社会学的重要课题。对于个人，具有维持生活、参与活动、发挥才能的作用；对于社会，具有实现社会控制、维持社会运转、为社会创造财富的功能。②

《中华人民共和国职业分类大典》概括性地指出：职业是从业人员为获取主要生活来源所从事的社会工作类别，职业具有以下特征：一是目的性，即职业活动以获得现金或实物等报酬为目的；二是社会性，即职业是从业人员在特定社会生活环境中所从事的一种与其他社会成员相互关联、相互服务的社会活动；三是稳定性，即职业在一定的历史时期内形成，并具有较长生命周期；四是经常性，即职业活动必须符合国家法律和社会道德规范；五是群体性，即职业必须具有一定的从业人数。③

综合上述内容我们可以发现，职业的内涵至少应该包括以下三个方面的内容：一是职业是社会系统中体现分工的一种社会功能定位，是劳动者获得的一种社会角色；二是职业建立起个体与整体之间的联系，个体通过职业为整体发展做贡献，体现自身价值，整体通过个体从事的职业获得发展；三是职业与权利和利益紧密相连，具有经济性特点，劳动者从事职业的主要目的是从中获取报酬以满足个人生存发

① 陈婴婴. 职业机构与流动 [M]. 北京：东方出版社，1995.
② 邓伟志. 社会学辞典 [M]. 上海：上海辞书出版社，2009.
③ 国家职业分类大典和职业资格工作委员会. 中华人民共和国职业分类大典 [M]. 北京：中国劳动社会保障出版社，1999.

展需求。

2. 技术

"技术"一词，来源于古希腊语，意为技能、技艺。随着社会发展和科技进步，人类改造客观世界的广度、宽度和深度不断增加，技术的内涵也不断地变化和发展，技术的内涵逐步从手工技能向智力技能拓宽，从物质领域向非物质领域拓宽。技术的内涵与广义和狭义之分，《辞海》把技术定义为：根据生产实践经验和自然科学原理而发展成的各种工艺操作方法与技能，这是从狭义的角度进行的定义。《社会学辞典》中把技术定义为：人类用以改造客观世界所采取的方法、手段与活动的总和，是人类在生产、文化及社会活动中主客体的中介。从性质的角度出发，技术可分为硬技术与软技术，前者指以各种物质手段表现出来的技术，后者则指运用各种物质手段的方法、技能与技巧。从功能角度看，技术又可分为生产技术与非生产技术。[①] 这是从广义的角度进行的定义。

国外学者对技术的定义更加开放，更加注重非物质技术。美国学者哈维·布鲁克斯对技术的定义是：技术就是运用科学知识以可以复制的方式来解决问题。法国学者狄德罗编撰的《百科全书》把技术定义为：为某一目的的共同协作组成的各种工具和规则体系。加拿大学者邦格·埃罗在其论文《技术的历史和哲学》中，把技术定义为：技术是这样一个研究和应用的领域，它旨在对自然的或社会的实在进行控制或改造。他认为技术可以分为社会性技术、普遍性技术、物质性技术和概念性技术。

综合上述研究内容我们认为，技术是人类以现实需求为目的，改造客观世界所使用的方法和手段的总和，它具有社会性、多样性、综合性、渐变性等特点，至少包括三个方面的内容：一是技术带有强烈

---

① 邓伟志. 社会学辞典 [M]. 上海：上海辞书出版社 , 2009.

的目的倾向，总是以解决人类遇到的现实问题或需求为主要目的；二是技术是人类与客观世界发生联系的桥梁，人类通过技术改造客观世界；三是技术的内涵和外延不断不丰富，既包括个人技术技能、劳动经验，又包括实体装备工具、信息资源，既包括物质技术，又包括非物质技术，既包括生产性技术，又包括非生产生技术等。

3. 人才

"人才"释义较多，此处仅探讨关于人的才能的定义。《社会学辞典》中把人才定义为：通过自己的创造性劳动，为社会发展和人类进步做出积极贡献的人。其特征是在实践过程中，取得杰出的创造性成果，对社会发展具有积极的社会意义。评价人才首先要注意社会性和实践性，要把共性和个性结合起来。根据职业对人才的要求差异和人才角色定位差异，人才可以分为学术型人才、设计型人才和技能型人才。学术型人才是研究客观规律如何转换成理论体系和科学原理的研究型人才，其主要任务是研究客观世界的发展变化规律及其内部结构关系，并将其外化为科学理论。设计型人才是把理论体系和科学原理转化成实施方案和设计实施步骤的工程型人才，其主要任务是把科学理论、规律原理开发设计成规划、方案以及可操作的实施步骤，并对新技术进行研究与开发，主要停留在方法层面。技能型人才是在生产一线，从事技术方法的应用与生产的技术型人才，其主要任务是将设计方案应用到实践当中，将其转化成产品或服务。

技能型人才就是所谓的技术技能型人才，其知识结构要求更强的分析、解决实际问题的能力，且具有更高的处理突发事件的能力并具备熟练的操作技能，还要比其他两类人才具有更宽广的知识面、更强的组织协调能力和更高的技术管理能力。随着社会的不断发展和科技的日趋进步，技能型人才还应具备更高的理论技能、经验技能和智力技能。技能型人才按照所从事的工作岗位的不同，可以分为五大类：一是专业生产技术岗位，也就是所谓的专业生产人才，如，园艺师、护理师、轮机师、植保技术员、施工工程师等；二是生产经营业务岗位，也就是所谓的办事人员，如，政府机关事业单位中的公务员与办事员、会计、出纳、商业资讯人员等；三是生产经验管理岗位，也就是所谓的管理人才，如，建设项目经理、生产车间主任、护理部主任、企业业务主管、政府机关事业单位领导等；四是智能生产操作岗位，也就是所谓的智能操作工，如，地铁司机、数控机床维修人员、计算机维修人员、电力负荷调度员等；五是生产劳动服务岗位，也就是通常意义上的服务人员，如，酒店服务员、秘书、导游、按摩师等。

综合上述研究，我们认为，人才就是具有较高专业技能并对社会做出必要贡献的人力资源，它包含三方面的内涵：一是具有较高的专业技能；二是劳动具有创造性；三是对社会做出贡献。所有人才中，直接生产社会财富、为人们提供生产资料和生活资料的是技能型人才，技能型人才需要更加多样化的能力要素，包括熟练的技术技能、分析解决实际问题的能力、处理突发事件的应变能力、组织协调管理能力等。

4.职业教育

职业教育的概念众说纷纭，不同国家地区、不同时代、不同学术机构、不同学者、不同学术观点对职业教育概念的理解不尽相同，可以说，职业教育的概念具有时代性、国别性、思想性等特点。归纳总结现有的关于职业教育的概念，可以从目的、内容、功能三个角度阐述职业教育的概念：一是从目的的角度来说，在《世界大百科事典》中职业教育是一种目的在于从事职业的准备教育，以学习为将来的职业生活所需的知识和技能为目的的教育。[①] 在《职业教育五十论》中职业教育是培养技术职业劳动者的社会活动，或者说，是传授职业知识和

---

① 平凡社·世界大百科事典：第二版 [M]. 东京：日本平凡社，1972.

技能，培养职业道德，提高职业能力和素质的教育制度。[①] 在《职业教育史》中职业教育一般是指为在生产、服务、管理第一线从事工作的人所必须具备的专业知识与技能，进行培养和培育的教育，简言之，是培养生产、服务、管理第一线实用人才的教育。[②] 一般来看，从目的视角研究职业教育概念均是较微观的角度，即职业教育是培养人的适应社会生活的技能的教育，职业教育的目的是使人具备必要技能以适应社会生活。二是从内容的角度来说，《辞海》对职业教育的定义为给予学生从事某种生产劳动所需要的知识技能的教育[③]。《中国教育大百科全书》对职业教育的定义为给予学生从事某种职业或生产劳动所需的知识和技能的教育[④]。在《职业技术教育学》中，职业技术教育可以说是传递职业知识和技能，培养社会劳动力的教育。凡是通过言传身教、口手相传、世袭家传、师傅带徒弟等方式，在劳动和生活过程中传授技术知识和技能的活动都是广义上的职业技术教育。狭义的职业技术教育指教育者有目的、有计划地对受教育者传授技术知识和技能的活动，主要指职业技术学校教育和各种形式的职业培训[⑤]。联合国教科文组织在《修订的关于技术与职业教育的建议》中，把职业技术教育作为一个广义的概念，既包括普通教育之外的教育培训形式，又包括经济社会生活各部门与职业相关的技术及学科，还包括获得的实践技能、职业态度、理解力等。从内容视角研究职业教育概念主要的关注点是传授技术知识与技能。三是从功能的角度来说，黄炎培认为职业教育则凡学成可以直接谋生者皆是，职业教育则以一技之长可谋生活为

① 欧阳河. 职业教育五十论 [M]. 长沙：湖南人民出版社，1999.
② 闻友信，杨金梅. 职业教育史 [M]. 海口：海南出版社，2000.
③ 现代汉语辞海编委会. 辞海 [M]. 北京：光明日报出版社，2002.
④ 中国大百科全书出版社编辑部. 中国大百科全书·教育 [M]. 北京：中国大百科全书出版社，1985.
⑤ 张家祥，钱景舫. 职业技术教育学 [M]. 上海：华东师范大学出版社，2001.

主。邹韬奋认为职业教育乃准备能操一技之长，从事于有益社会之生产事业，藉以求适应之生活[①]。《词源》把职业教育定义为"教授工业、农业、商业之知识、技能，俾学者可执业务以谋生计，并以供社会上种种需要为目的之教育也"[②]。《职业教育名词简释》把职业教育定义为"是以人的职业生活为对象，求人与事的适合，以达发展个性、服务社会为目的"[③]。从功能的角度理解职业教育主要是民国时期诸学者所持的观点，认为职业教育就是教人以谋生的手段，同时注重职业教育的社会功能。

在分析研究前人对于职业教育概念界定的同时，作者更倾向于持"大职业教育观"，即从广义的角度理解职业教育。职业教育是教授人们职业技能、职业素养、职业道德等软硬件知识的一种教育类型，可以从以下四个方面来进一步理解：一是职业教育是教授人们职业技能、职业素养和职业道德等软硬件知识的一种教育，它与以培养人综合素养的普通教育有着本质的区别；二是职业教育是培养技术技能的教育，是培养技术技能型人才，而不是培养学术型人才和设计型人才；三是职业教育是一种教育类型，是教育事业的重要组成部分；四是职业教育体现终身教育理念，职业教育不仅仅局限于学校教育、学历教育，它贯穿于人的一生。

（三）职业教育办学模式内涵

通过对现有办学模式研究的现状及其存在问题的研究及对办学模式内涵的界定，借助职业教育办学模式研究的范式，作者认为，职业教育办学模式是指职业教育办学机构在社会经济发展和人才需求规格的大背景下，在现代职业教育理念和办学目标的指引下，在充分认识职业教育内涵、精确把握职业教育内在规律的基础上，职业教育机构

---

① 邹韬奋. 职业教育的理论基础 [M]. 中华职业教育社，1933
② 商务印书馆编辑部等. 辞源 [M]. 北京：商务印书馆，1949.
③ 何倩儒，郑文汉. 职业教育名词简释 [M]. 中华职业教育社，1934.

在投资结构、组织体系、管理体制、运行机制中的具有特有属性的结构形态。可以从广义和狭义两个方面来理解：从广义上讲，职业教育办学模式指一个国家或地区，为适应社会经济发展而建立起来的一种职业教育组织体系；从狭义上讲，职业教育办学模式指一所学校或企业等具体教育机构，为适应区域经济发展和人才需求而建立起来的一种职业教育人才培养范式。

从上述对职业教育办学模式内涵的界定可以看出，从职业教育办学模式内部构成上看，其主要有以下六个要素：一是职业教育理念，这里主要是指职业教育办学理念，这是职业教育办学模式的灵魂，是在宏观上指导职业教育办学模式的指导思想，随着社会经济的发展，对人才规格的需求也在不断变化，加上人们对职业教育的认识逐渐深入，因此，职业教育理念也应该相应的做出调整，做到与时俱进；二是职业教育办学目标，这其中最主要的是职业教育人才培养目标，这是职业教育办学模式的出发点和着力点，与职业教育理念一样，职业教育办学目标也需要随着岗位变化和技能需求的变化而做出相应的调整；三是投资结构，这是职业教育办学模式运行的物质基础，这里最重要的问题是要明确投资主体及其相应的责任和义务，在社会主义市场经济下，投资对于职业教育发展至关重要，职业教育办学模式首先要明确由谁投资、投多少、回报形式是什么、回报多少等基本问题；四是组织体系，这是职业教育办学模式实现运行的组织架构，是职业教育具体办学过程中涉及的各种组织及这些组织在具体运行过程中的分工、职责、协同合作等架构；五是管理体制，这是职业教育办学模式的重要保障，是职业教育办学过程中的基本遵循，任何组织都要在一定的制度规则下运行，管理体制可以保障职业教育办学高效运转，可以保证人才培养的质量标准；六是运营机制，在职业教育办学过程中，各组成部门都是以特定的方式进行运转和经营，独特的运营机制和运营方式是职业教育办学模式最突出、最明显的特点。

从职业教育办学模式的层次上来看，不应仅仅局限于职业教育机构的办学模式，而应该扩大到整个职业教育的办学模式，从这个意义上讲，职业教育办学模式的内涵至少要从国家、区域、学校三个层面来理解：国家层面主要是指国家对整个职业教育办学模式的顶层设计以及整个国家职业教育体系的运行机制及形态结构；区域层面主要是指某一区域内职业教育办学模式的整体样式，是区域职业教育办学模式的运行机制和形态结构，这里需要说明的是，区域的定义和范围比较含糊，这里的区域可以指一个经济区，如京津冀地区，也可以指一个行政区域，如省域、市域，还可以指一个产业区，如现代制造产业园区；学校层面主要是指职业教育具体办学机构办学模式的样式，是职业学校办学的具体投资结构、组织体系、管理体制、运行机制。

（四）职业教育办学模式的特征

1. 决定性

职业教育办学模式是职业教育办学的外在形式，其直接决定着职业教育办学的内在因素。职业教育办学模式是职业教育人才培养过程的外在体现和根本操作形式，它决定着职业教育办学机构的专业设置、办学体制、课程体系、教学内容、教学管理体系、硬件保障等内在因素，这体现了职业教育与基础教育、普通教育等教育形式在本质上的差别。因此，职业教育办学模式设计的合理，职业教育人才培养就符合社会需要，能够培养出社会真正需求的劳动者，职业教育的吸引力就会增强，反之，职业教育培养的人才就会与社会脱节，职业教育的吸引力也就随之下降。这从一个侧面也说明了职业教育办学模式对于职业教育发展的重要性。

2. 中介性

职业教育是与社会经济发展联系最紧密的教育类型，需要通过各种渠道和桥梁把二者联系起来，职业教育办学模式恰恰是社会经济对职业教育的需求与职业教育内部人才培养之间最好的桥梁和纽带。职业教育办学模式需要根据社会经济发展实际、产业经济对人才对需求、岗位的消解更替、岗位技能层次、人才规格要求等情况进行确定和调整，社会的外部需求通过职业教育办学模式体现在职业教育人才培养全过程。因此，职业教育培养高质量的社会所需求的人才，就需要注重发挥职业教育办学模式的中介作用。

3. 多样性

由于各个国家的政治体制和文化传统不同、各个地区的经济发展水平和产业结构状况不同、不同区域经济发展水平和制度环境不同、各个学校的办学实际和办学传统不同，职业教育的办学模式也呈现出了多样性的特点。从国别来看，如德国的"双元制"模式、瑞士的"三元制"模式、英国的现代学徒制模式、澳大利亚的 TAFE 学院模式、日本的企业主导模式等，都体现了国家的历史文化传统、政治生态特点和经济发展现状。从经济差别来看，经济落后地区的以学校职业教育为主的职业教育办学模式、经济较发达地区的以学校职业教育和企业职业教育并重的职业教育办学模式、经济发达地区的以企业职业教育为主的办学模式等，都体现了经济发达程度对职业教育办学模式的影响。

4. 稳定性

有效又具有特色的职业教育办学模式的确立需要依据本地区、本区域社会经济发展和职业教育办学机构实际情况，在充分尊重职业教育办学规律的基础上，不断研究探索、不断调整改变，才能最终形成。职业教育办学模式一旦确立，在投资结构、组织体系、管理体制、运行机制等方面就具有独特的属性和独有的特点，而且这些属性和特点具有相对稳定的特性。不同的政治体制、经济状况、文化传统下的职业教育办学模式固然不同，但是相同的职业教育办学模式有其相似性和稳定性，正是由于这种稳定性，在政治体制、经济状况、文化传统相近的情况下，职业教育办学模式可以被移植复制或借鉴参考。确立的职业教育办学模式一旦改变、中断或调整，都会破坏办学模式的稳定性，会对职业教育人才培养以及机构发展带来重大影响。

5.发展性

虽然职业教育办学模式具有相对稳定的特性，但是这种特性并不是一成不变的，而且有时候做出相应的调整也是必须的，这种必要调整就说明了职业教育办学模式具有发展性。职业教育的最终目标是培养技术技能型人才服务社会经济发展，但是随着科学技术的进步，社会经济发展越来越快，新技术、新岗位的层出不穷，职业岗位要求不断更新和变化，对人才培养的规格、层次、质量提出了更高的要求。因此，职业教育需要适应这些变化，需要及时根据这些变化对自身的人才培养体系进行调整。职业教育办学模式的中介性决定了职业教育办学模式的重要地位，职业教育人才培养体系的调整需要职业教育办学模式这个中介来进行，需要借助职业教育办学模式的调整来进行人才培养体系自身的调整。因此，只有职业教育办学模式率先做出调整，职业教育人才培养才能跟上社会经济发展的要求。

二、职业教育办学模式的本质属性

本质是相对于事物外在现象而言的内在规定性，这种规定性具有抽象性、间接性、跨时空性等特点，它普遍存在于事物之中，决定了该事物不同于其他事物的根本区别。"本质"与"质"不同，"质"是事物的根本属性，事物所有的"质"即事物本身，"本质"则是决定事物与其他事物区别的规定性。职业教育办学模式是指职业教育办学机构在社会经济发展和人才需求规格的大背景下，在现代职业教育理念和办学目标的指引下，在充分认识职业教育内涵、精确把握职业教育内在规律的基础上，职业教育机构在投资结构、管理体制、组织体系、运行机制中的具有特有属性的结构形态。职业教育办学模式的本质是遵循职业教育规律，培养适应社会需求的技能型人才的操作方式及保障体系。

（一）本质的内涵及阐释方法

1. 本质的内涵

研究职业教育办学模式的本质属性，必须明确本质及其相关概念的内涵、特征及其阐释方法等内容。目前，我国学术界对本质内涵的研究主要有以下几个观点：

第一，本质是事物质的规定性，是事物区别于其他事物的根本因素。事物的本质可以从三个方面来理解：一是事物的本质是由该事物的内在联系和内部矛盾所构成，而不是由该事物与外部的联系所构成；二是事物所反映的本质属性是稳定的、特有的、深刻的、一贯的，不随外部条件、环境的改变而改变；三是事物的本质的改变就是其质的规定性的改变，是质的变化，是对事物彻底的否定[①]。这种观点立足于事物本身与其他事物之间的根本区别，探讨"质"与"本质"的联系与区别，同时明确本质的特有属性和改变标准。

第二，本质是事物区别于其他事物的特殊面，是事物具有的特殊性质和根本矛盾，是"实存的依据"，是事物现象的基础和根据，它规定了事物的特殊属性，控制其发展轨迹，并体现在这个过程之中。

第三，"本质"与"现象"相对。这是典型的对立思维的二元论观点：日常生活中，人们看到的事物只是其表象，要通过实证分析或概念逻辑辨析，才能了解其表象下隐藏着的本质。这种观点把视角延伸到了"本质"之外，通过其对立面"现象"，并通过探讨"本质"与"现象"之间的关系，来定义"本质"。

第四，本质是一个反思的存在，一个映现他物的存在，也可以说是一个映现在他物中的存在[②]。这一观点来源于黑格尔，他同时强调：

---

① 欧阳河等. 职业教育基本问题研究 [M]. 北京：教育科学出版社，2006:56.

② 黑格尔著，贺麟译. 小逻辑 [M]. 北京：商务印书馆，1980:246.

某一方面只有在与另一方的联系中，才能获得它自己的（本质的）规定，此一方也只有在反映了另一方，才能反映自己。[①] 也就是说，本质是事物的间接规定性，是事物作为与其联系的另一事物的规定，只有通过与外界的"联系"这一"中介"才能证明自己，而仅仅通过事物内部的矛盾和关系不足以证明自己。

第五，本质是事物内部所包含的一系列必然性、规定性的综合，是决定物质体系发展的主要特征和趋向的一些深刻联系、关系和内在规律的总和。[②] 该观点认为，事物的本质是事物最稳定、最普遍的特性，是其他事物所没有的特殊属性。

2. 本质的阐释方法

通过对上述五种本质内涵的分析可以得出本质的四种阐释方法：一是事物的本质是事物自身最普遍、最稳定的特性，是区别于其他事物的特性，要深入研究了解事物内部各特性要素及其之间的关系；二是找一个特定参照系，通过与事物本质的对立面——现象的比较，可以更好地理解事物的本质；三是研究事物的本质不应该只关注事物内部的各特性要素及其关系，还要把该事物置于更大的系统中，从其与其他事物的相互关系中，进一步认识事物的本质；四是事物的"本质"的对立面是"非本质"，"本质"和"非本质"都是事物的"质"，事物的"质"就是事物的本身，通过研究事物的"质"和"非本质"来加深对事物"本质"的理解。因此，研究职业教育办学模式的本质，需要深入理解职业教育办学模式的内部要素特征及其之间的相互关系，然后通过对比职业教育办学模式与普通教育办学模式相比具有的自身特性、对比职业教育办学模式与职业教育发展之间的关系、对比职业教育办学模式改革与职业教育其他改革之间的关系、对比职业教育办

---

① 黑格尔著，贺麟译. 小逻辑 [M]. 北京：商务印书馆，1980:254.

② 洪宝书. 教育本质与规律 [M]. 成都：成都科技大学出版社，1992:21.

学模式的内涵与职业教育办学模式的本质及与职业教育办学模式其他方面的关系，来加深对职业教育办学模式本质的认识。

（二）职业教育的本质属性

目前，关于职业教育属性的研究中，以职业教育"九大属性"最为普遍，即社会性、生产性、职业性、适应性、中介性、产业性、多样性、大众性及平民性。[①]"社会性"是说职业教育是一种社会活动，是职业教育本体论领域的属性，回答了职业教育的存在环境是什么的问题，说明职业教育是人类社会的一种实践活动。"生产性"是说职业教育具有生产社会生产资料和生活资料的功能，职业教育培养的技术技能人才直接从事劳动生产，是社会生产和再生产过程中的一个重要环节。"职业性"是说职业教育培养的技术技能型人才都要从事特定的职业，职业教育以服务技术技能型人才就业为目的。"适应性"是指职业教育的发展要适应产业技术的变化、产业结构的调整和职业岗位的需求，职业教育要与社会的发展变化相适应。"中介性"是说职业教育具有传递职业技能和职业素养，培养职业道德的中介功能，职业教育以培养技术技能型人才为中介服务社会发展。"产业性"是说职业教育的最终目的是服务产业发展，根据产业发展来调整职业教育人才培养，职业教育自身具有鲜明的产业经济特点。"多样性"是说职业教育在发展运行过程中的形式、模式、内容等方面的多样性特点，职业教育是最多样的教育类型。"大众性"是说接受职业教育的门槛较低，普通大众均可以接受职业教育，这也是职业教育区别于普通教育、高等教育的主要特点之一。"平民性"是说接受职业教育的成本相对较低，教育成本普通平民都可以承受。上述九大属性有的属于职业教育的特有属性，有的属于职业教育的非特有属性，职业教育的特有属性才是职业教育的本质。

---

① 南海. 论"职教系的'九大属性'"[J]. 职教论坛, 2004(5):33-36.

职业教育作为人类一项重要的教育实践活动，它的本质应该由这项教育实践活动所包含的各要素之间的矛盾运动来决定，职业教育是以职业道德、职业技能、职业素养为培养目的和内容的教育实践活动，新时代职业教育自身的根本矛盾是社会生产技术的发展对劳动技能型人才高水平职业技能的要求，与高水平劳动技能型人才培养的不平衡和不充分之间的矛盾，新时代职业教育要以解决这一矛盾为主要目标。随着社会的发展和科技进步，生产技术和产业结构也必然发生变化，从而导致新职业的产生和旧职业的消亡，因此会使一部分劳动者面临新的职业选择问题，同时，已经就业的劳动者也会因为各种原因面临职业选择，可以说，任何一个年龄阶段的劳动者都会面临职业选择和就业问题。因此，职业教育需要满足劳动者职业选择和就业的不同需求。职业教育是培养技术技能型人才的教育类型，是为想要成为技能型劳动者的人提供技术技能服务的教育类型，职业教育的本质是使受教育者掌握技术技能，同时使其拥有从事相应劳动的资格，因此，职业教育的本质属性是技术技能职业性。

（三）职业教育办学模式本质

任何教育形式都是以人的发展为最终目的的，任何不以人的发展为最终目的的教育形式都将以失败告终，职业教育更是如此，因为职业教育培养的人才直接服务于社会经济的发展，作为职业教育发展过程中最重要的途径——职业教育办学模式，其本质目的就是培养技能型人才。在培养技能型人才的过程中，职业教育办学机构要时刻关注社会经济发展、科技进步、职业岗位的衰替及其上述变化带来的人才需求的变化，忽视了人才需求变化的职业教育，将会变成无源之水和无本之木，培养出来的技能型人才也不会满足社会经济发展的需求。因此，职业教育办学模式本质属性之一就是要培养适应社会需求的技能型人才。教育的发展要遵循其内在的特有规律，职业教育在发展过程中也要遵循职业教育发展的内在规律，职业教育办学模式正是在职业教育发展规律的基础上，根据多方面因素确定的，可以说，职业教育发展的内在规律是职业教育办学模式组建、运行的根本依据。同时，职业教育办学模式对技能型人才培养提供了充足的保障，在职业教育办学过程中，从资金投入结构保障、组织体系保障、管理体制保障等方面对职业教育人才培养进行保障，这些保障机制和措施是职业教育人才培养的物质基础和重要条件。因此，职业教育办学模式的本质是遵循职业教育规律，培养适应社会需求的技能型人才的操作方式及保障体系。

职业教育办学模式与普通教育办学模式既有本质区别，又有相互联系的共同之处。二者的区别主要表现在：一是职业教育办学模式比普通教育办学模式形式更加多样。职业教育办学模式异常灵活、形式多样，职业教育机构因不同的政治体制、经济发展程度、文化传统、管理体制的不同呈现不同的样式，而且职业教育办学模式在确定的过程中各方面的要素配置也比较灵活；而普通教育教学模式相对固定，一般都是政府规定好的办学模式，形式相对比较固定，普通教育机构可做调整的范围比较窄，各方面的要素配置比较单一。二是职业教育办学模式比普通教学办学模式调整更频繁。职业教育办学模式需要根据社会经济发展、科技进步、职业岗位的衰替及其上述变化带来的人才需求变化进行相应地、及时地调整，而且随着技术更新周期的加快，这种调整会越来越频繁，职业教育办学机构调整办学模式的动力比较足；普通教育办学模式的调整影响的面也比较大，社会的关注度也比较高，一般不会调整，而且调整起来难度也比较大，这样普通教育机构对于调整办学模式的动力也不足。三是职业教育机构在办学模式确定问题上自主权比普通教育机构要高。职业教育机构对职业教育办学模式的确定拥有充分的自主权，职业教育办学模式的确定及调整已经是职业教育机构工作的重要内容，职业教育办学过程中各方的投资结构及其相应的权利义务、各方组织起来的组织形式、各方组织起来的机构运行方式、各方组织起来的机构的制度约束及制度保障等内容，职业教育机构都可以自主确定；而普通教育办学模式在办学自主权上相对较低，很多在办学过程中出现的问题需要经过教育行政部门批准或认可才能调整。四是职业教育办学模式与普通教育办学模式的关注点不同。职业教育办学模式培养适应社会需求的一线技能型人才，需要关注社会经济发展、科技进步、职业岗位的衰替及其上述变化带来的人才需求变化，需要关注为技能型人才培养提供哪些方面的保障；而普通教育更关注培养对象的全面发展及综合素养，更关注人才培养的方式及学校日常运行方式，对社会对人才的实际需求关注较少。

同时，我们也要清楚地看到职业教育办学模式与普通教育办学模式也有共同之处：一是职业教育办学模式和普通教育办学模式都遵循教育规律。职业教育办学模式和普通教育办学模式都是教育规律的体现，都是在教育规律的基础上确立起来的，合规律性是职业教育办学模式和普通教育办学模式的应有之义。职业教育办学模式和普通教育办学模式是教育理论和实践工作者，在深刻认识、理解、运用教育规律的基础上，不断提炼、不断探索、不断完善形成的，因此，教育规律是职业教育办学模式和普通教育办学模式的内在基础和遵循的根本规律，需要说明的是办学模式的形成和确定需要一个漫长的过程，需要几代人不断的努力探索，在这一过程中，如果违背了教育规律，就会受到惩罚，收不到预期的效果。二是职业教育办学模式和普通教育办学模式都是有特定目的的。职业教育和普通教育办学模式都要满足各利益相关方的不同利益需求，以满足各利益相关方的利益需求为目的。在职业教育和普通教育办学模式的运行过程中，各利益相关方从各自的立场出发，评价职业教育和普通教育办学模式是不是代表了自身的利益、满足了自身的利益诉求，从而选择肯定、支持或否定、反对某种办学模式。当某种办学模式一经确定下来并推广开来的时候，它就具有一种外在的强制力，当各利益相关方的利益诉求得到满足的时候，这种办学模式推行起来就比较容易，效果也比较好，当各利益相关方的利益诉求得不到满足的时候，这种办学模式推行起来就比较困难，效果也不佳。

职业教育办学模式与职业教育人才培养模式也有不同：一是职业教育办学模式比职业教育人才培养模式更为宏观，是人才培养模式的上位概念。职业教育办学模式是职业教育机构在人才培养的过程中的投资结构、组织体系、管理体制和运行机制，职业教育人才培养模式更加微观、更加具体，是职业教育机构在具体的办学过程中，针对人才培养具体过程采取的具体模式和具体方式。二是职业教育办学模式的本质内涵更加丰富。职业教育人才培养模式仅包括职业教育人才培养的方式和形式，聚焦职业教育人才的具体培养过程，职业教育办学模式不仅仅包括职业教育人才培养的具体过程，即职业教育办学模式的运行机制，还包括人才具体培养过程之外的机制建设、保障措施、组织形式等方面的内容。三是职业教育办学模式与职业教育人才培养模式的关注点有所不同。职业教育办学模式关注的是社会经济发展、科技进步、职业岗位的衰替及其上述变化带来的人才需求的变化、职业教育机构在办学过程中各方的投资结构及其相应的权利义务、职业教育机构在办学过程中各方是以何种方式组成起来的、职业教育机构在办学过程中各方组织起来的机构日常如何运行、职业教育机构在办学过程中各方组织起来的机构通过什么制度来保障其顺利运行等问题。职业教育人才培养模式关注的是在具体的人才培养实践中培养内容及其组织形式是什么、职业教育人才培养的内在规律和特点是什么、通过什么样的途径将培养内容传授给教育对象、用什么来保障职业教育人才培养的顺利进行等问题。

职业教育办学模式与职业教育体系和职业教育管理模式也有区别。职业教育办学模式是职业教育办学过程中的投资结构、组织体系、管理体制和运行机制，而这些运行结构和运行机制不能是空中楼阁，需要借助某个平台来运行，而这个平台就是职业教育体系，职业教育体系涉及的范围要比职业教育办学模式大，是职业教育办学模式的上位概念，按照国际惯例，职业教育体系包括学校体系、管理体系和职业资格认证体系三大体系，而办学模式只涉及前两个。同时，职业教育办学模式是职业教育机构办学过程中体现的特点，而职业教育体系是一种职业教育发展平台，而且职业教育办学模式由于更加具体而具有比职业教育体系更加复杂的特性。职业教育办学模式涉及的是职业教育机构办学的结构体系、运行机制、管理体制等问题，而职业教育管理体系是从另一个维度贯穿在职业教育整个体系中的管理体制和制度体系，是职业教育体系正常运行的制度保障。

第三节 职业教育办学模式研究的基本观点

一、职业教育办学模式研究的范式

职业教育办学模式研究的基础就是明确职业教育办学模式研究的共同基础，即职业教育办学模式研究的"范式"。"范式"是美国科学哲学家托马斯·库恩在《科学革命的结构》（1970）一书中提出并系统阐述的概念，指常规科学赖以运行的理论基础和实践规范，是共同体成员共同的信仰、技术、价值等方面的集合，是开展科学研究的坐标、运用科学思想的参照系和建立科学体系的基本方式、基本模式、基本功能和基本结构。"范式"包括三个方面的内容：一是共同的基本理论、观点和方法，二是共有的信念，三是某种自然观（包括形而上学）假定。① 研究职业教育办学模式应该首先明确职业教育办学模式研究的"范式"，这种"范式"主要是大家对职业教育办学模式内涵理解的广

---

① 陈向明. 质的研究方法与社会科学研究 [M]. 北京：教育科学出版社，2000:378.

泛共识，是大家对职业教育办学模式产生的基本观点和方法，是大家对职业教育办学模式某种观点的假定。只有弄清楚这些问题，职业教育办学模式研究才具有实际意义。

二、我国职业教育办学模式研究的逻辑前提

职业教育办学模式的背景是社会经济发展和人才需求规格，职业教育办学模式的形成受现代职业教育理念和办学目标的指引，这就说明职业教育办学模式要受一定的主客观条件的限制，明确限制职业教育办学模式的主客观因素是职业教育办学模式研究的前提，因此，在研究职业教育办学模式之前，在厘清职业教育办学模式研究的范式的基础上，要明确职业教育办学模式研究的逻辑前提。

（一）学历职业教育是我国职业教育的主要办学形式

办学形式多样化是职业教育自身的显著特点，根据培养目的和培养内容的不同可以把职业教育分为学历职业教育和职业教育培训两种形式。学历职业教育是既包含职业岗位所有工作内容及其对应的知识技能，又包含受教育者个体职业生涯发展和兼顾普通职业衔接的职业教育类型，而职业教育培训内容基本都是职业岗位工作技能。职业教育培训可以分为企业外培训和企业内培训，二者的培训内容和形式不尽相同，就企业来讲，对培训还没有引起足够的重视。纵观世界各国职业教育，其办学形式也不外乎学历职业教育和职业教育培训两种形式，如，德国、英国、澳大利亚等国的职业教育办学形式主要是职业教育培训，加拿大、美国、法国等国的职业教育办学形式主要是学历职业教育。而从我国的文化传统、职业教育办学基础和职业教育发展现状来看，学历职业教育应是目前最符合我国实际的理性选择，虽然我们一直致力于完善职业教育培训体系，但是社会对学历的普遍看重和普通职业教育的巨大差距，导致学历职业教育成为我国职业教育办学的必然选择，这是研究我国职业教育办学形式的重要逻辑前提。虽

然这一认识比较普遍，但是如果不能就这一点达成共识，可能会导致在我国职业教育办学模式研究的源头上产生偏差，如近年来，国内研究者把主要精力都放在了各职业教育发达国家的职业教育体系方面，获得了大量的学术理论成果，得到了学术界的一致认可，并极力主张引入我国，但是从后来的办学效果看并不理想，究其原因就是某些国家的职业教育办学形式与我国不同，其主要是以职业教育培训为主，而在以学历职业教育为主的我国，会产生"水土不服"的现象。

（二）我国企业参与职业教育办学的意识和制度还不健全

产学结合、校企合作是职业教育发展的基本规律，企业的全方位参与对职业办学至关重要。虽然近年来政府及社会极力倡导企业在职业教育办学中的主体地位，但是我国职业教育校企合作仍然存在局部性、个体性、短期性等问题，迄今为止我国还没有在全国范围内建立起明确的校企合作制度框架。这些问题都需要引起我们足够的重视，进而采取有针对性地措施，更好地保障我国职业教育办学。

（三）政府在职业教育办学中发挥主要作用

通过前边的论述我们知道，职业教育办学模式有广义和狭义之分，职业教育办学模式也分不同的层次，人们往往认为不同层次的职业教育办学模式主要推动力量不同，有的认为职业教育办学模式是职业教育机构确定的，但事实上，办学模式问题恰恰不是职业教育机构能够左右的。职业教育办学模式是在社会经济发展和人才需求规格的大背景下形成的，而对于社会经济的发展问题和人才需求规格问题，职业教育办学机构往往不能认识清楚，这就需要政府在其中进行沟通协调。职业教育办学的投资结构、组织体系、管理体制和运行机制中，大部分都需要政府对其做出规定性，并且需要政府来促成。同时职业教育办学还需要政府提供大量的人力、物力、制度等保障。政府的作用主要体现在以下几个方面：一是提供制度保障，为职业教育办学模式建立完善的管理制度、约束制度和保障制度；二是提供经费保障，为职业教育办学过程中提供经费支持和经费激励；三是对职业教育办学过程中遇到的困难问题进行研究，提供解决方案，指导其办学方向；四是舆论引导，在社会上营造良好的职业教育办学的环境氛围。

三、我国职业教育办学模式评价

对职业教育办学模式进行评价是验证职业教育办学模式是否有效的主要依据。衡量一种职业教育办学模式的好坏，一般要考虑这种办学模式是否符合职业教育内涵和内在规律，是否达成职业教育人才培养目标，投资结构、管理体制、组织体系、运行机制能够保证职业教育办学机构顺利运行，培养的人才是否满足社会需求和是否满足人的发展的需求等方面的内容。

（一）与职业教育内涵和内在规律的契合度

职业教育是培养技能型人才的一种教育类型，是教授人们职业技能、职业素养和职业道德等软、硬件知识的一种教育，它与以培养人的综合素养为主的普通教育有本质的区别，与培养学术型和设计型人才的普通高等教育有本质的区别。因此，职业教育办学模式的出发点也应该是培养人的职业技能、职业素养和职业道德等软、硬件知识，立足点是培养直接服务于经济社会发展的一线劳动技能型人才，任何职业教育办学模式都不能偏离这一规律。从另一个方面讲，职业教育办学模式是一种教育的办学模式，而不是其他组织的运行模式，要突出其教育性和科学性，任何职业教育办学模式都应该有其教育特性，符合教育公共产品或半公共产品属性。同时我们也应该看到，职业教育体现的是终身教育理念，它不仅仅局限于学校教育和学历教育，也不仅仅局限于普通高等教育的适龄学生，因此，职业教育办学模式在设计的时候要充分考虑职业教育的这种持续性和开放性。

（二）与职业教育既定人才培养目标的达成度

职业教育人才培养目标是职业教育办学的根本，是职业教育办学模式存在的价值体现和根本目的，好的职业教育办学模式必定是遵循既定的人才培养目标来开展工作的，而且必将会达到预期的人才培养目标。成本收益性不是职业教育的本质属性，职业教育办学模式不应仅关注经济和成本，要突出其教育性特点，要能最大限度地激发人的创造性和主动性，培养人的实践能力和技术水平，探索实现人才培养目标的方法、途径和模式。职业教育办学模式的设计确立也应该更加关注人才培养目标而不仅仅是成本收益，以是否培育了直接服务于劳动生产一线高素质技能型人才为根本目的。同时，我们也应该看到，职业教育的这个培养目标并不是一成不变的，职业教育人才培养目标会随着社会经济发展、科技进步、职业岗位的衰替及其上述变化带来的人才需求变化而变化，因此，职业教育人才培养目标应该根据上述变化及时做出相应的调整和更替，职业教育办学模式也要进行相应的调整。

（三）职业教育办学模式内部各要素之间的协同度

协同原理从系统的整体性、协调性、统一性等基本原则出发，揭示系统内部各子系统与要素围绕系统整体目标的协同作用，使系统整体呈现稳定有序结构的规定性。协同原理适用整个系统物质世界，具有普遍性和客观性。在自然界、人类社会和思维中，普遍存在整体性、统一性、协同性、合作性等现象，这种内聚吸引、合作、相互作用的普遍现象，是由系统内部诸要素的差异与协同来完成的。[①] 职业教育办学模式内部各要素、各参与方之间是否能够按照既定的投资结构、管理体制、组织体系、运行机制等协同配合、密切协作，是职业教育办学模式能否顺利运行的基础保障。职业教育办学模式内部各要素、各参与方之间只有围绕预设的人才培养目标，遵循既定的投资结构、管理体制、组织体系、运行机制，彼此之间相互配合才能降低运行成本、

---

① 乌杰. 协同论与和谐社会 [J]. 系统科学学报 , 2010(1):1-5.

发挥制度优势、提高资源利用率、达成培养目标，才能减少各要素、各方之间的内部耗损，发挥职业教育办学模式设计的整体优势，实现"1+1＞2"的效果。

（四）与职业教育办学目标之间的吻合度

职业教育办学的终极目标和最终功能是满足人的发展的需求和培养出来的人才能够满足社会的需求。满足人的发展是职业教育，乃至所有教育的终极目标和个体功能，随着人们对教育本质内涵认识的不断深入，教育的终极目标逐步回归到人的身上，即教育要满足受教育者的发展需求，职业教育办学模式在设计的时候要把人的发展、受教育者的发展作为最优先考虑的问题，任何职业教育办学模式都要首先满足受教育者的发展需求。满足社会发展需求是职业教育的社会功能，是职业教育办学的社会责任，政府、社会对职业教育大量的投入需要职业教育为社会培养大批高素质技能型一线生产劳动者，这对于职业教育办学来说同样重要。但是，需要指出的是，单纯地追求满足人的发展的需求和单纯地追求满足社会需求都不能体现职业教育办学的终极目标。因此，职业教育办学模式在设计的时候要兼顾人的发展和社会发展两个方面的需求，充分体现职业教育的人本价值和工具价值，而且这两个方面的需求并不矛盾，完全可以兼顾。

第四节　职业教育办学模式的地位和作用

职业教育办学模式的地位和作用问题是职业教育办学模式研究的根本问题，是职业教育办学模式研究的价值体现和意义所在，主要解决职业教育办学模式在社会、经济、个体发展中的地位和作用问题，只有首先弄清楚这个问题，才能明确职业教育办学模式研究的自身价值，才能为职业教育混合所有制改革奠定价值基础。

一、职业教育办学模式在社会经济发展中的地位

职业教育是与社会、经济、个人终身发展联系最紧密、最直接的教育类型，在社会经济发展中处于优先发展的战略地位和不可替代的重要地位。职业教育办学模式是职业教育与社会经济联系的重要桥梁和纽带，因此，职业教育办学模式在社会经济发展过程中更具战略性和不可替代性。

（一）职业教育办学模式在社会经济发展过程中和职业教育发展中处于优先发展的战略地位

马克思主义认为，生产力是推动人类社会不断向前发展进步的决定性因素，人是生产力的主体，是生产力诸要素中最活跃的要素，在社会生产中发挥决定性作用。同理，人也是社会经济发展诸要素中起决定性作用的最活跃的主体，人的素质是人的自身能力水平的体现，是社会经济发展过程中的重要因素，对社会经济的发展起着至关重要的作用。教育经济学家鲍恩对社会生产力与人自身素质水平之间的关系做了详细研究，提出了高素质劳动者在社会劳动生产中的六个特征：一是产量较大，二是产品质量较高，三是能生产对社会更有利的产品，四是就业率较高，社会活动积极，五是比较容易配置到新型工作上去，六是对从事的工作感到应付自如。[①] 这就说明了高素质劳动者对社会劳动生产率的提高的促进作用和对社会经济发展的重要作用。

职业教育是整个教育体系中与社会经济发展联系最紧密、最直接的教育类型，这是因为职业教育直接培养社会经济发展所需的一线技能型劳动者，职业教育的教育产出直接作用于社会经济发展。职业教育为社会经济发展培养了大批的众多行业和岗位的初中级技术技能型人才，他们在社会经济岗位中占大多数，他们直接服务并推动社会经济的发展。

---

① 单培勇.中国国民素质学论纲[M].北京：当代中国出版社，2002:207.

从国外来看，德国在第二次世界大战后经济迅速腾飞，一度成为世界第二大经济贸易体和世界排名第三的发达国家，究其原因就是德国把职业教育作为促进社会就业、发展社会经济的强有力保障，在德国，大约70%的青少年在初中学业完成后会选择职业教育，德国的"双元制"职业教育是世界公认的德国经济腾飞的"秘密武器"。瑞士是世界上人均GDP较高的国家之一，瑞士也同样重视职业教育发展，通过各方面宣传、保障措施，学生在初中毕业后，绝大多数都选择接受职业教育，而选择进入普通高中进而进入学术型大学的仅为10%左右。反面典型也有，如韩国，在20世纪80年代，其中等职业教育呈现了颓势，出现了巨大滑坡，高中阶段教育中，中等职业教育占比由1986年的40.5%下降到1990年的3.1%，造成了生产一线操作岗位劳动力短缺，产品质量下降和经济增速下滑。[①]

从上述案例可以看出，职业教育在促进社会经济发展、提高技术技能型人才的素质水平、提高社会劳动生产率中的重要作用，因此，优先发展职业教育，依靠职业教育和职业教育办学模式改革支撑社会经济快速发展，成为20世纪第二次世界大战后经济飞速发展的重要经验，也是第二次世界大战后世界达成的重要共识。德国、瑞士、日本、韩国等国家之所以能够迅速从战争阴影中走出来，社会经济取得了高速发展，一个重要原因就是这些国家始终把职业教育放在优先发展的战略地位。

在我国，改革开放40年来，社会经济飞速发展，取得了举世瞩目的成就，其中一个最主要的原因就是，实施了科教兴国战略和大力发展职业教育的基本国策。20世纪80年代初期，我国中等教育结构还比较单一，以普通教育为主，为此，教育部联合财政部等四部委在1983

---

① 孙琳. 职业教育的发展空间分析——兼论职业教育功能的转变与适应 [J]. 职业技术教育，2002(7):5-9.

年 5 月，颁布了《关于改革城市中等教育结构、发展职业技术教育的意见》，要求"发展生产，搞现代化建设，不仅需要高级专门人才，而且需要大批初、中级技术、管理人才和大批有文化、有技术知识的劳动后备力量"，1985 年颁布的在我国教育发展史上有里程碑意义的《中共中央关于教育体制改革的决定》中，明确了大力发展职业技术教育作为的党的教育方针的战略地位，提出"社会主义现代化建设，不但需要高级科学技术专家，而且迫切需要千百万受过良好职业技术教育的中、初级技术人员、管理人员、技工和其他受过良好职业培训的劳动者。没有这样一支劳动技术大军，先进的科学技术和先进的设备就不能成为现实的社会生产力"。正是由于明确了职业技术教育在我国社会主义现代化建设中的战略地位，我国职业技术教育自 20 世纪 80 年代以来，得到了快速地恢复和高速地发展，为我国社会主义现代化建设提供有力的人才保障，培养了一大批初、中级技术人员、管理人员和技术工人。1991 年，国务院颁布《关于大力发展职业技术教育的决定》明确"职业教育的规模和水平影响着产品质量、经济效益和发展速度""因此，必须坚定不移地把教育事业摆在优先发展的战略地位，必须高度重视和大力发展职业技术教育"，1996 年通过的《中华人民共和国职业教育法》，首次在法律上明确了职业技术教育的战略地位，指出"职业教育是国家教育事业的重要组成部分，是促进经济、社会发展和劳动就业的重要途径"。二者的颁布，为我国职业技术教育的发展提供了坚实的法律保障和政策支持，为我国职业技术教育的发展创造了良好的发展环境，这一时期，我国职业技术教育培养了数以万计的高水平技能型劳动者，为我国经济腾飞奠定了坚实的基础。当然，我国职业教育的发展也出现过波动，在经历了 20 世纪 90 年代的发展低谷后，2002 年，国务院召开全国职业教育工作会议，发布《国务院关于大力推进职业教育改革与发展的决定》，提出职业教育"是我国教育体系的重要组成部分，是国民经济和社会发展的重要基础。推进职业教育的改革与发展是实施科教兴国战略、促进经济和社会可持续发展、提高国际竞争力的重要途径，是调整经济结构、提高劳动者素质、加快人力资源开发的必然要求，是拓宽就业渠道、促进劳动就业和再就业的重要举措"。2005 年，《国务院关于大力发展职业教育的决定》中，再次明确要求"落实科学发展观，把发展职业教育作为经济社会发展的重要基础和教育工作的战略重点"。《国家中长期教育改革和发展规划纲要（2010—2020 年）》进一步指出"发展职业教育是推动经济发展、促进就业、改善民生、解决'三农'问题的重要途径，是缓解劳动力供求结构矛盾的关键环节，必须摆在更加突出的位置"，2014 年，国务院颁布《关于加快发展现代职业教育的决定》中，指出"加快发展现代职业教育，是党中央、国务院作出的重大战略部署，对于深入实施创新驱动发展战略，创造更大人才红利，加快转方式、调结构、促升级具有十分重要的意义"。

通过上述政策文件的梳理，可以看出，我国始终把职业教育作为社会主义现代化建设的主要支撑，始终把职业教育放在我国社会主义经济发展中的战略地位。中外实践和我国的战略选择表明，职业教育与社会经济发展相辅相成、互为因果、相互制约、相互促进，作为职业教育与社会经济发展桥梁的职业教育办学模式自然在这种战略地位中的作用更加凸显，只有充分认识到职业教育办学模式的这种重要作用，才能促进我国社会经济和职业教育更健康、更高效、更可持续地发展。

（二）职业教育办学模式在社会经济发展过程中和职业教育发展中处于不可替代的重要地位

职业技术教育的"产品"——技术技能型人才是创造社会财富的直接重要力量，这就决定了职业技术教育在社会经过发展过程中处于不可替代的重要地位。人类社会发展是由多种多样的社会劳动职业岗位分工和相应的社会劳动群体共同组成的，社会岗位中合理的人才结构是社会经济全面协调可持续发展的重要保障，不同类型的岗位、不同性质的社会分工对人才的素质的要求也是不同的。在整个教育体系中，某一种类型的教育既不能培养出社会需要的所有人才，也不能满足社会对人才的所有需求，这就要求不同类型的教育共同培养社会需求的各种类型的人才。我国普通教育培养的是人的基本素质和学术型、工程型人才，职业教育培养的是人的劳动素养和技术型、技能型人才，二者各司其职，分工合作，共同培养社会发展所需的各类人才。不仅我国如此，世界上其他国家对人才的理解和分工也是如此，这就说明了，教育结构的分工合作和人才结构的分工合作及其合理化趋势，是社会的一种常态，由此决定了职业教育对于社会经济发展是一种客观的、必要的存在。

职业教育的不可替代性还体现在个体的职业化过程当中，社会经济一线生产劳动者的初始职业化主要是通过接受职业教育和新岗位的适应来共同完成的。低层次的劳动技能型岗位，往往是通过短期的培训和新岗位的自我适应来完成初始职业化的，如理发师、清洁工、按摩技师等。而随着劳动技能型岗位层次的提高，其岗位的技术含量和复杂程度也随着提高，这时个体要完成初始的职业化就需要更为复杂、时间更长的职业教育，往往是通过学校形式的职业教育和专业教育结合新岗位的外来帮助的形式来完成的。比如，若想成为一名合格的车工，需要接受1—2年的学校职业教育，系统学习车工的专业理论，培养车工岗位所需的职业技能和熟练技术，了解生产程序、标准、规范和职责，养成良好的职业习惯等。基于此，还需要在新岗位上以师徒或团队成员之间非正式的教育方式，扩大操作技术范围，提高技能技术熟练程度，进一步了解所在企业生产产品的设计、各种零部件的加工工艺流程、各种零部件在产品中的作用和功能、零部件对产品性能的影响和产品的性质等，只有对这些有了更加充分和深入的了解，才能清楚本岗位的工作职责、质量控制的重点和提高效率的方法。[①]

不仅仅是个体的初始职业化需要职业教育的培养，就算是一个在岗工人，从初始职业化逐步成长为熟练的技术工人或高技能人员，同样需要不断进行学习，需要职业教育的培养。沿着上述的例子继续分享，一个车工从中级技术工人到高级技术工人的成长，不仅需要在自己的工作岗位上不断提高技术熟练程度和扩大岗位技术操作范围，还需要在专业理论上不断进行提升，对复杂的高技术岗位，还需要通过专项培训和深入研修来适应。因此，一个个体的职业成长过程，离不开职业教育的培养和支撑，这也从另一个侧面决定了职业教育在社会经济发展中的不可替代性。职业教育办学模式是职业教育与社会经济发展的桥梁，是具体的培养技术技能型人才的方式方法，在社会经济发展过程中和职业教育发展中同样处于不可替代的重要地位。

二、职业教育办学模式在社会发展中的作用

职业教育办学模式是职业教育开展的主要手段和方式，与职业教育互为因果，在缩小贫富差距实现小康社会、农村富余劳动力转移并实现城镇化进程、促进农民素质提升并实现农村现代化、提高就业并促进社会和谐稳定等方面发挥着重要作用。

（一）职业教育办学模式是缩小贫富差距、实现小康社会的重要手段

全面实现小康社会的重要标志之一就是全面提高人民收入水平、缩小贫富差距。一直以来，我国居民收入差距一直较大，并且有逐步扩大的倾向，其表现为：一是城乡收入差距有逐步扩大的倾向，农村居民收入增幅减缓，城镇居民收入增幅加大，使二者间的差距逐步加大。二是贫富收入差距扩大，据有关部门统计预测，我国基尼系数不

---

① 申家龙. 社会学视野下的职业教育——层次与体系 [J]. 职业技术教育，2003(19):13-16.

断扩大，已经超过了国际公认的 0.4 的警戒线，一般认为超过 0.3 就属于收入分配不公平的范围。国家统计局城调队公布的数据显示，2002年 10% 的最高收入户约为 10% 的最低收入户的收入倍数，城镇为 7.9倍，比 1992 年扩大了 4.6 倍；农村最高与最低收入差距比是 9.3 倍，比 1990 年扩大了 2.6 倍。三是城乡贫困人口占比仍然较大，国家统计局农调队公布的数据显示，2002 年的农户调查，农民人均纯收入在800 元以下的农户占总农户数的 7.0%，仅能维持温饱；600 元以下的贫困农户占 3.4%，按照此比例计算的温饱和贫困农业人口为 5500 万人，其中贫困人口为 2700 万人，如果以 1000 元为标准进行统计，温饱和贫困农业人口占比将达到 12%，人口为 9300 多万。有专家估计，城镇贫困人口占城镇总人口的 6.5%，亚洲开发银行按照支出标准估算的中国城镇贫困人口约为 3700 万人，这样全国总贫困人口将达 1.3 亿多人，约占全国总人口的十分之一。[①] 四是区域收入差距不断扩大，我国东、中、西部地区总体经济收入水平呈现西高东低的特点，东部地区居民收入要大于中部地区，中部地区要大于西部地区。

　　贫困问题是全面建成小康社会的重要障碍，解决贫困人口问题是全面建成小康社会的重要任务，尤其是中央做出全面消除贫困的重大战略部署之后，解决这一问题显得越来越迫切，贫困问题已经上升到前所未有的战略高度，为此，全国上下高度重视，采取了一系列必要的措施，取得了良好的成效。劳动力的收入最先取决于以教育水平和技能水平为主的个体人力资本投资，因此，提高居民素质可以消除贫困。[②] 就教育领域而言，解决城市贫困人口问题的重要措施一方面是增加就业岗位，让城市贫困居民有业可择，另一方面是培训下岗工作，提升其专业技能水平，扩大职业选择的范围，争取再就业，而职业培

---

① 汝信等. 2004 年中国社会形势分析与预测 [M]. 北京：社会科学文献出版社，2004:86–88.

② Williamson, J.G., 'Migration and urbanization', in H. Chenery and T.N. Srinivasan(eds), Handbook of Development Economics, Volume Ⅰ, [M]. Amsterdam: Elsevier Science Publisher B.V., 1998.

训是职业教育的重要内容，因此，在解决贫困人口问题上，职业教育大有可为，职业教育通过多种多样的办学模式和培训模式，提升城市贫困人口的技能水平和再就业能力，从而有助于消除城镇贫困人口。农村贫困人口基数较多、占比较大，解决农村贫困人口问题主要有提高农产品价值和发展经济附加值更高的经济作物、调整农业产业结构大力发展现代农业、努力发展农村基础工业和多种形式促进农村剩余劳动力有效转移等，从而提高农民收入，而在这些措施的落实过程中，职业教育在提高农民文化与技术技能水平、现代农业生产技术的推广与普及、增强农民的劳动就业能力等方面发挥着不可替代的重要作用。

（二）职业教育办学模式是农村富余劳动力转移并实现城镇化进程的重要手段

城镇化是一个由农村社会向城市社会转变的历史进程，是一个社会发达程度的主要标志和重要内容，城镇化水平较高的国家都是经济发达、社会繁荣的国家。工业化的发展进程反映在经济领域就是工业占整个国民经济的主导地位，工业部门成为社会经济发展的主要推动部门，工业产品成为社会主要物质财富的重要来源，反映在社会领域，就是工业部门所在的城市成为经济相对发达的区域，成为社会人口最主要的聚居地。党的"十八大"报告要求"坚持走中国特色新型工业化、信息化、城镇化、农业现代化道路，推动信息化和工业化深度融合、工业化和城镇化良性互动、城镇化和农业现代化相互协调，促进工业化、信息化、城镇化、农业现代化同步发展"。

从以往经验看，农村富余劳动力从传统农业中转移出来，配置到城市工业生产部门，是促进工业化和城镇化的重要手段，在我国社会发展进程中，城镇化是必然趋势。农村富余劳动力的转移，对其教育文化水平和技术技能素质提出了新的更高要求。主要表现在：一是农村富余劳动力的教育文化水平和技术技能素质决定其转移的难易程度。教育文化水平和技术技能素质较低的农村富余劳动力一般只能从事依靠传统经验和个人体力生存的及其有限的低端劳动领域，开拓新的工作岗位机会和就业岗位比较困难，对于新岗位和新生活的适应也比较困难。而教育文化水平和技术技能素质较高的农村富余劳动力，往往眼界更加开阔，乐于接受新生事物，能够从事的工作岗位比较多，更容易开拓新的工作岗位，对于新的岗位和生活适应能力也比较强，更容易实现有线转移。二是农村富余劳动力的教育文化水平和技术技能素质影响转移以后的劳动所得及职业稳定性。教育文化水平和技术技能素质越高，从事的工作岗位就越高端，获得的劳动收入也就相应的越高，这是不争的事实。相关研究也表明，教育文化水平和技术技能素质越高，职业获得感越强，职业的稳定性也越强，而且职业迁移能力也越强。陈吉元对农村富余劳动力转移研究的结论显示，文化程度高的劳动力率先常年脱离农业，且劳动力文化程度越高，转移时期便越长，稳定性越强，文化程度高的劳动力集中于长期转移，文化程度低的劳动力集中于临时性转移。[①]

通过职业教育办学模式来提高农村富余劳动力的教育文化水平和技术技能素质，是促进我国农村富余劳动力转移、实现城镇化的基本前提和重要手段。阙大学在其主持的国家社科基金教育学课题《普通教育与职业教育对城镇化影响的比较研究：基于水平、质量和结构视角》中也得出了同样结论：职业教育促进了中国城镇化水平的提高、促进了中国城镇化质量的提高，促进了中国城镇化规模结构的均衡。[②]韩国、日本等战后新兴经济体之所以能够顺利完成国内产业结构转型升级、实现充分就业，最根本的原因就是职业教育合理且超前地发展，从而有效提高了全国劳动人口的平均文化水平和技术技能素质，农业

---

① 陈吉元.中国农业劳动力转移 [M].北京：人民出版社，1993:248-350.

② 阙大学.普通教育与职业教育对城镇化影响的比较研究：基于水平、质量和结构视角 [EB].全国教育科学规划领导小组办公室网站，http://onsgep.moe.edu.cn/edoas2/website7/level3.jsp?infoid=1335254564530193&id=1545880953312231&location=.2018.12.17, 2018-12-17.

就业人口能够很快适应其他产业领域岗位的需求，顺利地完成了职业转移。目前，我国农村富余劳动力的教育文化水平和技术技能素质不高是我国劳动力分布明显的特点，由于非农部门对劳动力素质要求越来越高，对劳动力总量特别是低素质劳动力的需求不断下降[①]，所以必须提高现有农村富余劳动力的教育文化水平和技术技能素质，才能实现农村富余劳动力的有效转移。农村富余劳动力的教育文化水平和技术技能素质低下是农村富余劳动力向城镇转移的"技术壁垒"。因此我国农村富余劳动力转移的当务之急就是提高农村富余劳动力的教育文化水平和技术技能素质。

我国农村富余劳动力转移的主要方式包括：一是向非农产业转移，二是向乡镇企业转移，三是向城市转移三种形态。但是总体而言，要实现农村富余劳动力的有效转移：一是要提高农村富余劳动力的技术技能素质，农村富余劳动力转移是劳动力技术技能素质提高的过程，而不仅仅是简单的职业变动和地域流动，要通过职业教育办学模式来提高农村富余劳动力的技术技能素质和人力资源水平；二是要提高农村富余劳动力的教育文化水平，这可以保持城市的文明程度不会下降，也避免了城市边缘人群的形成，同时，较高的教育文化水平还可以快速适应转移后的生活工作。需要说明的是，对农村富余劳动转移不仅仅限于转移前的培训，还要贯穿于农村富余劳动力转移过程中和转移后的始终，重视这部分在现职岗位上的再培训，提高培训的系统性和全面性，也要为这部分人提供便利的教育培训环境，为他们创造继续教育的条件，使他们能够时刻保持对新技术和城市生活的适应能力。

（三）职业教育办学模式是促进农民素质提升并实现农村现代化的重要手段

实现农业现代化需要具备高素质的职业农民作为保障，高素质的

---

① 张建武，李永杰，陈斯毅. 广东省外贸出口对就业的贡献 [J]. 广东经济，2000(2):28-31.

职业农民需要职业教育通过职业教育办学模式来培育。目前，我国农村居民的受教育水平仍然偏低，远远不能满足现代农业的要求，再是我国农村居民中农业科技人员严重不足。舒尔茨认为迅速持续增长主要依靠向农民进行特殊的投资，以使他们获得必要的新技能和新知识，从而成功地实现农业的经济增长。现代农业需要具备高技能素质的新型农民，我国若要发展现代农业，实现农业现代化，必须不断提高农村居民综合素质，特别是技术技能水平，增加现代农科科技人员占比，特别是中、高级科技人员的占比，这就需要对农村居民进行各种类型各种层次的培训与教育。

发展现代农业不可避免地要面对农业结构调整、农业产业化经营和发展生态农业三个基本问题。传统农业最主要的特点就是农业结构不合理，传统农业生产的农产品不能很好地适应市场的需求，而这背后的深层次原因就是要素配置出现了问题，核心问题是技术、知识和人的问题。发展现代农业需要调整农业结构，对农村劳动力进行智力技能投资，提高农村劳动力素质。在传统农业结构调整的过程中，会产生新的品种和新的项目，这需要相关的从业者具备较高的技术素质、经营管理知识和市场运行知识，即农业结构调整过程中需要掌握相关技术、懂得市场运作、精通经营管理的新型职业农民。而新型农民的产生主要是通过职业教育和培训来获得，职业教育通过办学模式提升人的技术技能素质，提高人的生产能力，受过职业教育培训的农村劳动者，在相同情况下，能更多地发现机遇、抓住机遇，能更加敏锐地捕捉到最新的市场信息和产品信息，能适时地选用新的技术从事不同岗位，能生产出更多的产品具备更高的劳动生产率。正如舒尔茨所说：受过教育的劳动力比没有受过教育的劳动力更容易获得恰当的经济信息，由这种优势所造成收益可能就会属于受过教育的人。[①] 著名经济学

---

① 西奥多·W.舒尔茨著，吴珠华等译. 论人力资本投资 [M]. 北京：北京经济学院出版社，1990:110.

家吴敬琏曾说，农业形成规模化、产业化生产，是农业走向现代化的重要举措。农业产业化是通过具备较强竞争力的公司或生产基地，把小农户集中起来并使其与大的市场联系起来，进行农产品深度加工，提升农产品附加值，最终提高农民的实际收入。农业产业化的开展需要发展有竞争力的企业和农产品生产基地，通过新型农业合作组织联合农户进行农产品生产加工，提高农户的组织化程度，打造利益共享、风险共担的新型合作体。农业产业化对农村劳动力素质和劳动力结构提出了新的要求，需要不同层次的人才：一是具备一定新型技术的普通劳动者，他们需要掌握种植、养殖等基础的生产实用技术；二是具备一定专业知识的和技能的中高级技术劳动者，他们需要为农业产业化提供信息和技术服务，能够解决生产经营过程中遇到的实际问题；三是具备较强经营管理能力的农村企业家。上述这些人才的培养主要是通过职业教育和培训来进行，而这就需要通过职业教育办学模式来实现。生态农业是按照生态规律，利用新兴技术，开发保护农业资源，在开发过程中保持和改善农业生态环境，实现农业生态系统良性循环，生态农业是对传统农业的继承和发展，既包括传统农业中的好的因素，又包括新兴的科学技术手段，发展生态农业需要人才、资金、科学技术、基础设施等条件，其中掌握新兴科学技术的人才是最重要的因素。培养掌握新兴科学技术的高级技术劳动者是发展生态农业的重要支撑，从国外生态农业发达国家的经验来看，注重培养人力资本，注重发挥人力资本的重要作用，是不二之选。目前我国农村劳动力受教育水平低、对新型技术知识的接受能力和运用能力还较差，其水平还很难达到发展生态农业的需求。为此，应该积极发展科技事业，提高农村职业教育的科技含量和针对性，提升农村居民接受职业教育和培训的比例，使他们成为发展生态农业的生力军。

（四）职业教育办学模式是提高就业并促进社会和谐稳定的重要手段

就业被看作"民生之本"，直接关系人民群众的切身利益，关系整个社会的和谐稳定，但是目前就业是困扰我国发展的问题。我国是世界上人口数量最多的国家，人口红利比较丰富，给我社会经济发展奠定了优厚的人力基础，但从另一方面看，带来的最大问题就是就业压力大和结构性失业。随着劳动就业人口的逐年增加和往年累加，我国的就业形势显得异常严峻，就业竞争越来越激烈，具体体现在：一是新增劳动力人口数量逐年增加且分布不均衡，城镇劳动力增加速度远大于农村地区；二是社会劳动力需求持续疲软，每年的新增劳动力就业岗位不足，城镇新增劳动力岗位少于农村地区；三是农村劳动力持续向城镇地区迁移，使城镇地区就业问题雪上加霜；四是大学毕业生就业形势严峻。这一特殊国情决定了我国政府始终把就业问题放在更加突出的重要位置。当然，这些问题正在得到解决，就业形势已趋向良好。

教育，特别是职业教育，通过特定办学模式的培养，在提升劳动力综合素质，提高劳动力就业能力，促进全社会和谐稳定上发挥着不可替代的重要作用：一是职业教育通过特定办学模式可以帮助劳动力提高劳动素质和就业能力。当今社会，劳动力综合素质的高低是决定劳动力就业能力好坏的重要决定因素，从我国目前的实际情况看，无论是新转移到城镇的农村剩余劳动力，还是城市未就业人群，阻碍他们就业的主要因素就是劳动技能的欠缺和综合素质的低下，不能满足城镇工作岗位的实际需求，职业教育通过特有的办学模式，有针对性地向未就业人群传授技能，能够提高他们的知识技能水平和就业再就业能力，极大地提高他们的就业能力。二是职业教育通过特定办学模式可以缓解当前我国严峻的就业压力。对于即将就业的年轻人群来说，扩大高中阶段和高中后职业教育规模，可以延长到了就业年龄而又没有进入劳动力市场的准就业人员的受教育年限，能够非常有效地缓解新就业劳动力对就业市场的冲击。对于需要再就业的劳动人群来说，进入职业教育机构参加再就业培训可以提高他们的技术技能水平，增强这部分人的再就业能力，缓解城镇地区低层次岗位稀少的结构性就业矛盾，进而减少社会上的不稳定因素。也就是说，职业教育可以在未就业人群和就业岗位之间建立一个"缓冲区"，减轻就业人群与就业岗位之间的矛盾，缓解严峻的就业压力。三是职业教育通过特定办学模式可以促进产业和就业结构的调整与优化。从社会发展与产业发展之间的关系规律来看，农业社会时期，几乎所有人都从事第一产业农业的生产劳动，发展到工业社会后，第二产业加工制造业的从业人员占据了多数，进入知识经济、金融经济和信息化社会后，第三产业服务业占据了就业岗位的大多数。随着社会的不断发展，产业结构会不断地变化、调整和优化，就业人口会不断地从第一产业向第二产业再向第三产业转移，职业岗位也会经常性地发生变化，旧的职业岗位在不断消失而新的职业岗位在不断产生，这就要求就业结构也要做出相应的调整来满足产业结构变化对人才的需求，避免人员富足和人员短缺并存的结构性就业矛盾。目前，我国经济也随着我国社会一同进入了新时代，供给侧结构性改革和产业结构转型升级上升到了国家战略的层面，去产能、去库存、去杠杆、降成本、补短板已成为我国的时代任务，面对新的形式和新的发展环境，高素质技术技能人才与高素质科技研发人才同样不可或缺，而高素质技术技能人才培养就成了时代赋予职业教育的历史使命。我国产业结构的不断转型升级会带来我国就业结构的不断变化，在这一过程中，就业结构会随着产业结构的不断优化而逐渐完善，这其中的"润滑剂"就是职业教育，其内在逻辑是：产业结构不断转型升级，带来了职业岗位的兴替和人才需求的标准的更新，从而带来了职业教育办学模式和培养标准的变化，进而带来了服务产业结构转型升级的技能型人才的素质的提高，最后这些高素质技术技能型人才不断适应新工作岗位并在新的岗位上不断创造价值，从而促进了就业结构的不断优化。

三、职业教育办学模式在经济发展中的作用

职业教育是社会经济发展的重要条件，职业教育办学模式是社会经济发展必备因素，是实现经济工业化、产业化、信息化和现代化的重要保障。在为经济发展提供现实劳动力、将科学技术转化为经济发展动力、促进知识经济的发展等方面发挥着重要作用。

（一）职业教育直接为经济发展提供现实劳动力

马克思、恩格斯认为，劳动力和劳动能力就是人的身体，是存在于活的人体中的，每当个人生产某种使用价值时就要运用体力和智力的总和[①]。这种蕴藏在人的体内供人使用的体力和智力就是劳动力，劳动力是人的价值的主要要素和人的劳动能力的具体体现。但是人的这种劳动能力是潜在的，是需要开发和培养的，职业教育正是开发和培养人的劳动能力，使人具备劳动生产技能的一种专业化教育，能够更快捷、更方面、更直接地提升人的劳动能力。提高劳动生产率、减少生产资料消耗率可以提升国民经济增长率。劳动生产率主要与劳动力的技能娴熟程度有关，而技能娴熟程度又需要劳动者接受相应的职业教育或培训来提高（当然，具体的生产实践也非常重要），因此，职业教育在生产劳动过程中提高劳动生产率上发挥至关重要的作用。生产资料消耗率主要与生产设备的科技含量和先进程度有关，而再先进的生产设备也需要人来操作使用，人的这种操作使用先进生产设备的技能同样需要接受职业教育来完成。从一般意义上来说，劳动者的技术技能水平越高，劳动生产率就越高，生产资料消耗率就越低，国民经

---

① 中共中央马克思恩格斯列宁斯大林著作编译局. 马克思格斯全集（第 23 卷）[M]. 北京：人民出版社，1974:190.

济增长率就越高。

　　现代社会生产和职业发展需要职业教育，随着科学技术的不断进步和信息经济的不断发展，新技术、新知识会不断涌现，从而使新的职业不断产生和旧的职业不断消亡，即使没有消亡的职业也会不断产生新的技术，不断提高技术含量，对此，从业劳动者就需要不断学习并掌握这些新的技术和新的知识，来适应岗位技能变化带来的新的挑战。据统计，西方发达国家在过去 15 年中有 8000 多个低技能职业相继消失，同时出现了 6000 多个新的职业岗位，其中大多数是高技术岗位，西方发达国家的劳动智能化趋势异常明显。有学者估计，20 世纪初期，有大约 90% 的人从事体力劳动，而现在从事智力劳动的人群大约占到总劳动人口的 80%，专业职位、技术职位和非技术职位三者之间的比例已经从 20 世纪 50 年代的 2∶2∶6 演变成了现在的 2∶6∶2，更有人预言，今后的工业化国家将有四分之三的人必须接受新的职业培训[①]。潜在劳动者变成现实劳动者主要通过职业教育特定办学模式来提升他们的专业理论与专业技能，使他们不断为社会经济发展做出贡献。职业教育通过对潜在劳动力进行职业素养和职业技能的培育来开发和提高潜在劳动力的劳动能力，使之成为现实的真实的劳动力。对职业学校学生来讲，职业教育可以通过特定办学模式，向学生传授公共基础知识、职业道德素质、专业基础知识和专业技能知识，促使学生从"学生"向"社会成员""企业员工"的身份转变，为学生将来成长为一个社会劳动者奠定基础。对无业人员和下岗再就业人员来说，职业教育也可以通过特定的办学模式，对这部分人进行有针对性的专业培训，提升他们职业技能和职业岗位适应能力。对在岗职工来说，职业教育可以提高他们的岗位工作能力，帮助他们更新知识、提升技能，适应岗位技能的升级和知识技能的换代。

---

① 欧阳河等. 职业教育基本问题研究 [M]. 北京：教育科学出版社，2006:93

　　（二）职业教育办学模式可以将科学技术转化为经济发展动力

　　"科学技术"由"科学"和"技术"两个概念组成，"科学"是运用范畴、定理、定律等思维形式反映现实世界各种现象的本质和规律的知识体系[①]。"技术"是人类用以改造客观世界所采取的方法、手段和活动的总和[②]。二者互相联系、互相促进，科学上的进步往往会引起技术上的革新，进而推动社会生产力和社会经济的发展。科学技术是社会生产力和社会经济发展的主要动力，特别是20世纪中叶以来，科学技术对于社会生产力和社会经济发展的动力作用越来越明显，据统计，在西方发达国家中，科学技术对社会经济增长的贡献率已经从20世纪初期的5%左右，提高至如今的80%左右，我国也在2016年3月的全国"两会"上提出，到2020年，科技进步对经济增长的贡献率达到60%，迈进创新性国家和人才强国行列。马克思系统论述了现代教育与现代工业生产之间的关系，提出现代教育是现代工业生产的必然产物，并且指出了正是由于产业革命的开始，才使得众多的职业学校得以确立，才有了工艺学这门学科，职业学校和工艺学学科是科学转化为技术、科学技术转化为社会生产力的重要途径，通过职业学校和工业学学科，可以使人力工具转化为机器，改进生产技术，提升社会生产率，提高社会生产能力。

　　科学技术总是作为一种知识形态的生产力而存在，是一种潜在的生产力，它只有同生产过程中的其他生产要素相结合才能发挥自身的实际效用，只有为社会创造财富价值的能力得到彰显的时候才能促进和推进社会生产力和社会经济的发展。职业教育在科学技术由潜在生产力转化为现实生产力、科学技术与其他生产要素相结合、把科学技术转化为社会财富价值方面发挥着重要的作用，而这一重要作用的发

　　① 邓伟志. 社会学辞典 [M]. 上海：上海辞书出版社, 2009.
　　② 邓伟志. 社会学辞典 [M]. 上海：上海辞书出版社, 2009.

挥主要以职业教育办学模式为纽带来完成的，主要表现在：一方面，职业教育通过特定办学模式，把科学技术转化为教学内容传递给社会劳动者，不断提高社会劳动者的科学技术水平和劳动生产技能，提升社会劳动者社会财富创造能力和水平，从而实现科学技术对社会经济发展的推动；另一方面，职业教育利用自身的科研优势，结合现有科学技术和生产实践一线实际，对现有生产技术进行改造升级，促进科学技术的进步，从而推动社会经济的发展。科学技术应用于社会生产实践的过程就是人们掌握运用生产技术从事社会生产劳动的过程，就是将新技术、新设备、新材料应用于生产提高劳动生产率的过程，就是将科学技术转化为人类社会和经济发展动力的过程。在这一过程中，人始终是最关键的因素，作为生产力中最活跃、最积极的因素，人的自身素质，或者说科学技术水平，是科学技术转化为社会经济发展动力的最关键的要素。职业教育办学模式是将科学技术转化为现实生产力和经济发展动力的中介和桥梁，因为职业教育具有积累、发展、传递、再生产科学技术的社会功能，职业教育即科学知识转化为生产技术的中间环节，又是科学知识再生产、生产技术再进步以及科学知识转化为生产技术的最有效形式。

（三）职业教育办学模式可以促进知识经济的发展

随着科学技术的不断进步和信息时代的到来，科技知识与人们的日常生产生活越来越密切，知识的生产、使用、更新在社会经济活动中的地位越来越重要，知识经济成为当今社会经济样式的代名词。目前，世界各国普遍认识到信息技术的重要性和知识经济已经全面到来的现状，认为未来世界的竞争，综合国力和经济的竞争，既需要高层次的科研创新型人才，也需要大批熟练掌握生产技术、能够将科学技术转化为实际社会生产力的高素质劳动者。知识与教育本就密不可分、相互促进，知识经济的内在特性和本质决定了教育在知识经济创新发展过程中的重要作用，职业教育作为整个教育系统的重要组成部分，将通过特定的办学模式，直接支撑知识经济的发展，是知识经济发展最重要的动力源泉和生长点。国际经济合作与发展组织（文中简称国际经合组织）在《以知识为基础的经济》报告中指出，知识经济是建立在知识的生产、分配和使用（消费）之上的经济。如果说高等教育机构和科研机构负责知识的生产的话，那么职业教育就负责知识的分配和使用（消费），职业教育在知识经济中的功能既体现在直接的经济运行和发展过程中，又体现在经济运行和发展的环境创设中。在知识经济时代，职业教育的本质发生了变化，成为了知识生产方式，而且职业教育本身就是知识生产的过程，因此，职业教育不仅仅是知识生产力的必要组成部分，而且与知识生产要素一样，具有了直接的生产力意义，职业教育不仅是知识转化为社会生产力和社会财富的方式和途径，而且职业教育也有生产知识的功能。职业教育除了可以生产科学知识，还具有使现有科学知识增值的作用，科学知识会不可避免地实现价值增长，这一增值过程必须要经过教育或职业教育加以实现，没有职业教育对劳动者科学知识和生产技能的培养，科学知识就不可能实现发展和增值。

知识经济时代的到来，会给职业教育带来新的机遇和挑战，知识经济时代中的职业教育，在经济发展中的作用会发生深刻变化，在经济发展中的作用会更加突出。在知识经济时代，科学技术飞速发展、不断更新，社会生产活动逐步由劳动、资源密集型向知识、技术密集型转变，社会分工也相应地由单一、简单工种向复合、高级工种转变，所有社会职业都需要的基本职业素质成为了社会的基本要求，这就需要劳动者掌握不同职业或同一职业不同岗位的多种劳动技能，具备职业迁移能力和跨岗位工作能力。同时，由于知识的更新换代速度加快，劳动者一次性获得的知识技能已经不能适应社会经济发展的需求，这就要求劳动者不断接受新的知识技能的提升，要求劳动者具备自我提高的学习能力。除了应具备上述能力之外，知识经济对劳动者的知识水平和技术素养提出了更高的要求，前期研究表明，经济领域的知识水平和技术素质是社会生产的主要组成部分，是提高社会生产率的主要动力，而且经济发展水平越高，科学技术水平也就越高，对劳动者提出来的要求也就越高，因此，知识经济发展迫切需要一个能够主动适应社会经济发展、技术含量较高的职业教育与培训体系。

第三章　职业教育办学模式改革研究

在详细了解了职业教育办学模式的相关概念和研究现状的基础上，我们还应该对职业教育办学模式改革进行系统研究，因为职业教育混合所有制改革本身就是职业教育办学模式改革的一种，职业教育办学模式改革是职业教育混合所有制改革的上位概念，只有明确了职业教育办学模式改革，才能为职业教育混合所有制改革提供土壤。

第一节　职业教育办学模式改革概述

一、职业教育办学模式改革本质

（一）改革的本质

改革是改变原有的、现存的不合理的旧制度、旧机制、旧传统，对旧有的阻碍社会发展的生产关系和上层建筑进行变革，从而实现社会稳定发展。改革是一个社会在现有的政治体制内进行的改良、革新，是社会发展的根本动力和前进方式。正是由于改革的这种特性，改革的目的是机体局部调整以使机体更加稳定、顺畅地发展而不是以推翻这种机体为己任，因此，任何事物的改革都是在现有基础上进行的改革，离不开现有的发展环境和发展基础，同时又是对现有基础的改良或创新。我国学者更多地将"改革"视为一个带有褒义性质的词语，认为改革都是针对现实的不合理现状而言的，去除陈旧的、错误的、有缺陷的东西，用以改革教育之现状，追求一种合理乃至完善。①

改革的本质是对现有利益均衡的打破和新的利益均衡的实现。利益是人类社会发展和个体活动的基本出发点和根本动力。任何改革都是由人来推动和完成的，任何改革都不能忽视人的因素，而人在经济学中被视为有理性的利己主义者，其总是尽可能地追求自身利益的最大化，马克思指出，人们奋斗所争取的一切，都同他们的利益有关②，利益问题是关系人的生产和发展的根本问题，是个体一切活动的出发点，利益分配问题是任何改革成功与否的关键问题，新的改革措施能够使各方利益（或大多数人的利益）得到满足，改革就会顺利推进，反之，改革就会陷入困境、停滞不前。因此，任何改革都是围绕着利益的分配而展开的，任何改革的过程都是利益均衡、利益冲突、利益协调、利益再均衡的过程。

（二）教育改革的本质

教育是民生之本，涉及全体人民的根本利益，这就决定了教育的公共产品属性，这也是国家办教育、发展教育的逻辑起点和使命所在。同时，教育也是个体身心健康成长、综合素质提升、生存就业能力增强的过程，接受教育可以提升个体社会生存质量、改变个体命运、实现高层次发展，因此，教育往往也被人看作一种个体的根本利益。当前我国已进入新时代，教育领域的突出矛盾同样也是教育不平衡、不充分问题，尤其是伴随着行政体制改革和简政放权的实施，教育的公

---

① 冯建军. 教育转型：内涵与特点 [J]. 教育导刊, 2011(9):5-8.

② 中共中央马克思恩格斯列宁斯大林著作编译局. 马克思恩格斯全集（第1卷）[M]. 北京：人民出版社, 1956:82.

共权力不断下放，个体、社会对教育利益的诉求也不断强烈。教育利益已经成为我国社会利益主体普遍追求的根本性利益或共同利益①。

教育改革是教育领域内的改良和革新，教育领域的任何改良和革新都会打破原来各方的利益均衡。教育改革在制度上的变迁或创新，表面上似乎主要是规范教育改革活动主体的行为，实际上则是对教育方面利益分配的制度化。教育改革就是要改变人们之间在教育资源上的利益分配格局和关系②。因此，教育改革也是在各方的利益冲突与利益协调中进行的，教育改革首先要明确改革要满足谁的利益以及由谁来主导的问题。教育改革本身就是一个调整社会利益结构的过程，这个过程中肯定会有一部分既得利益者利益受损，也会使一部分利益缺失者重新获得利益，尤其是在目前优质教育资源不均衡、不充分的情况下，教育改革引起的社会关注和社会情绪会更高，为此，在推行教育改革的过程中要首先明确利益分配的原则，然后还需要明确教育改革会带来什么影响和可能会受到哪些影响。

从公共政策视角看，教育改革本质上就是各利益相关方将自身的利益诉求投放到教育政策制度过程中，由教育政策制定主体根据自身和各利益相关方的利益诉求进行系统复杂的调整，力争满足各方的教育利益诉求的过程。也就是说，教育改革的过程就是各方利益冲突、博弈、协商、妥协的过程，是改革者对利益的分配和表述的过程。教育改革的关键问题是各利益相关方对改革的认同，任何改革都要有特定的改革主体和改革客体，改革主体即改革设计者和推进者，改革客体是改革的影响者和执行者，只有改革主体和改革客体都对教育改革产生认同的时候，这个教育改革才是成功的。莫顿提出：我们应该注意到，社会结构中的不同群体和阶层既有共同的利益和价值，也有不

---

① 祁型雨. 利益表达与整合——教育政策的决策模式研究 [M]. 北京：人民出版社，2006:9.

② 马健生. 论教育改革过程中的利益冲突 [J]. 教育科学，2002(8):1-3.

同的利益和价值。在这一点上，价值以及利益的不同，有时甚至是冲突的。由于社会的地位之间的差异，因此我们自然会发现某些社会模式对社会中一些群体的利益或价值来说是有利的，而对另外群体的利益或价值来说又是不利的 ①。因此，改革主体和改革客体对教育改革的认同，其背后还是利益分配的问题。

（三）职业教育办学模式改革的本质

职业教育办学模式改革同样具备改革和教育改革的本质属性。职业教育办学模式改革是对现行的职业教育办学模式中的不合理部分进行改造和创新，打破职业教育办学过程中的现有体制和机制障碍，以使职业教育办学能够顺利开展，使职业教育进入良性发展。职业教育改革也涉及改革主体、改革客体、利益分配、改革认可度等问题。目前，我国职业教育办学模式改革的主体是政府部门和学校，因为教育的公共产品属性决定了教育改革必须由政府部门牵头进行，职业学校作为办学主体，在职业教育办学模式改革中也同样是改革主体。职业教育办学模式改革的客体是企业、学生、家长、社会，职业教育办学模式改革会给他们带来一定影响，他们都是改革的利益相关方。职业教育办学模式改革要在政府和学校的主导下，最大程度满足自身和企业、学生、家长、社会的利益诉求，争取得到各方的充分认可。

职业教育办学模式改革涉及职业教育办学的方方面面和各色人群，是职业教育领域内比较大的系统工程，涉及各利益相关方的利益冲突、协调和博弈。职业教育办学模式改革正是在各利益相关方的相互博弈和影响中不断完善的，也可以说，各利益相关方的相互博弈和影响为职业教育办学模式改革提供了动力。职业教育办学模式改革的核心问题是改变政府的单一权利中心地位和唯一管理机构的现状，实现职业

---

① [美] 罗伯特·K. 默顿著，林聚任等译. 社会研究与社会政策 [M]. 北京：生活·读书·新知三联书店，2001:99.

教育办学主体的多元化。职业教育办学模式改革就是要建立一个由政府、学校、企业、行业协会等多部门参与、由政府工作人员、学校管理人员、教师、学生、企业管理人员、企业技术工人、行业相关人员等共同参加的职业教育办学局面，建立一种自主合作、科学管理、运行有效、利益多元的职业教育办学机制。职业教育办学模式改革的根本目标是能够兼顾职业教育办学模式改革主体和客体等各方利益，在各利益相关方之间建立一种密切协同的伙伴关系，以促成职业教育办学模式改革的贯彻落实。

二、职业教育办学模式改革的必要性

职业教育的发展，根本要依靠改革，而职业教育办学模式改革又是职业教育发展中的根本性、全局性、战略性改革，在政治体制改革、经济体制改革的背景下，在我国新时代各项事业蓬勃发展的重要战略机遇期，职业教育办学模式改革更加凸显了其在职业教育改革中的根本性地位，促进职业教育发展的重要保障。因此推进职业教育办学模式改革对于职业教育内涵发展、构建现代职业教育体系、培养社会需求的高技能人才、助力产业转型升级等方面都十分必要。

（一）职业教育办学模式改革是职业教育适应社会变革的主要途径

我国全面进入新时代后，各项改革深入推进，我国社会正处于快速深刻转型的关键期。对此，我们应该认识到一是社会主义市场经济体制的不断完善，经济体制改革和现代企业制度建设使传统的经济发展方式和运行机制发生了根本变化，新的经济结构和经济体制不断生成，这就要求职业教育转变封闭传统的办学模式，适应新的经济结构和经济体制改革；二是新型工业化道路已经由传统的资金密集型、劳动密集型产业转变为技术密集型、知识密集型产业，这对劳动者的技术水平、知识结构、数量规模都提出了更高的新要求，这就需要职业教育通过办学模式改革来跟上新型工业化的步伐；三是科技的飞速进步和信息时代的到来，技术应用有了新的领域，原有的社会劳动生产方式发生变化，需要职业教育教学模式进行相应改革，使劳动者使用这种劳动生产方式的变化；四是随着城镇化的不断加快，以国家中心城市为龙头，以大城市为中心，以中小城市为主体，以小城镇为基础的新型城镇化不断完善，城镇化水平不断提高，这就要求职业教育通过办学模式改革来适应城镇化带来的冲击。《国家中长期教育改革和发展规划纲要（2010—2020 年）》规划了我国教育体制改革创新的十年目标，办学体制改革位列其中，要求职业教育要与推动经济发展、促进就业、改善民生、解决"三农"问题相结合，建立健全政府主导、行业指导、企业参与的多元办学机制。这说明国家从战略高度规划了职业教育办学模式改革适应社会变革的历史责任，这也说明了职业教育办学模式改革在实施科教兴国和人才强国战略中的重要地位。

（二）职业教育办学模式改革是职业教育助力产业转型升级的重要方式

职业教育直接与产业经济紧密相连是职业教育区别于其他教育类型的显著特点，其内在逻辑是职业教育通过培养促进专业经济发展的技术技能人才来助力产业经济发展和产业转型升级。产业结构只有不断调整、不断转型升级，产业经济才能不断发展，每次产业结构的调整都会导致产业工人的大量转岗或失业，而这部分需要转岗或已经失业的产业工人的转岗培训和再就业培训是职业教育办学的重要任务之一。转变经济增长方式、优化调整经济发展结构、产业转型升级一直以来是我国政府的重要任务，对保持国民经济较快平稳发展有重要意义。国务院颁布的《工业转型升级规划（2011—2015）》（以下简称《规划》），提出了未来一段时期我国工业转型升级的总体思路、主要目标、重点任务、重点领域发展导向和保障措施，阐明了工业转型升级的内涵。《规划》明确"转型就是要通过转变工业发展方式，加快实现由传统工业化向新型工业化道路转变；升级就是要通过全面优化技术结构、组织结构、布局结构和行业结构，促进工业结构整体优化提升"。产业转型升级是我国走中国特色发展道路的根本要求，是加快转变经济发展方式的重中之重。在产业转型升级过程中，会出现人才结构性失衡的问题，具体表现为高技能人才的短缺和低技能人才的富余，产业转型升级对人才的标准提出了新的要求，对职业教育发展提出了新的任务和挑战。因此，职业教育要通过办学模式的改革来融入这一过程当中，促进技术技能人才知识技术不断换代更新，能力素质不断提升增强，职业教育办学模式才能满足产业转型升级对技术技能人才提出的要求和挑战。

（三）职业教育办学模式改革是探索职业教育办学规律、丰富职业教育办学理论成果的重要途径

目前我国教育事业正处于全面实现教育现代化的关键期、进入教育领域综合改革的深水区、全面筹划"中国教育现代化2035"的战略机遇期，教育改革发展面临一系列新问题、新挑战，这些新问题都需要深入探索和研究。探索教育规律是教育科学研究的根本目的，有助于揭示教育深层次的机理问题，职业教育办学模式改革既是一种实践探索，又是一种理论提炼，改革背后必然蕴含着某种教育规律，职业教育办学模式改革的根本目的就是为了探索职业教育办学背后的规律性机理。职业教育作为教育体系中的重要组成部分，其重要作用和价值正在凸显，但是由于历史原因和自身特点，我国的职业教育研究体系还不够完善、研究观念还比较陈旧、研究机制还不够理顺，与其他教育类型相比，职业教育整体研究还比较薄弱，有广泛影响力、系统成型、思考深入、水平较高的研究成果还比较少，不能满足我国职业教育发展实践的理论需求，在很大程度上制约了我国职业教育实践的发展。从研究对象上看，还停留在个体院校的层面上，从研究内容上看，还停留在泛泛的经验总结和思辨性判断的层面上，从研究视角上

看，还停留在微观视角的层面上，缺乏从宏观视角上对职业教育办学模式改革的理论提炼和总结，缺乏职业教育办学模式改革实践的系统归纳和类型梳理，缺乏职业教育办学模式改革更深层次问题的深度揭示和系统解释，缺乏置于新时代社会经济改革发展背景下的职业教育办学模式改革的时效性探索和策略性提升。因此，职业教育办学模式改革对于探索中国特色职业教育办学规律，丰富职业教育办学理论成果具有重要意义。

（四）职业教育办学模式改革为探索中国特色职业教育办学模式提供理论支持

我在对部分职业学校办学实践的实地走访调研中发现，在影响职业教育办学质量的众多因素中，对职业教育办学模式改革缺乏清晰的认识和深刻的理解是其中最重要的因素之一，职业教育办学模式的认识问题一直是影响职业学校办学发展的主要问题，是影响职业教育发展的核心问题。因此，职业教育办学模式改革探索，深化对职业教育办学模式的认识对于职业教育发展、提升职业教育办学质量、形成中国特色职业教育办学模式至关重要。在探索中国特色职业教育办学模式的过程中，政府及其发布的相关政策是决定性因素，职业教育办学模式改革、政府及其相关政策和探索中国特色职业教育办学模式之间有内在联系。职业教育办学模式改革探索和政府发展职业教育、进行职业教育办学模式改革的政策直接影响中国特色职业教育办学模式的形成，而职业教育办学模式改革探索可以为政府制定出台的相关政策提供理论支持，因此，职业教育办学模式改革探索也就间接为中国特色职业教育办学模式的形成提供了理论支持。我们应该清醒地看到，目前我国政府还没有出台职业教育办学模式方面的政策措施，各地、各学校仍然停留在零散探索的时代，这样就难以形成具有中国特色的职业教育办学模式。这是由于政府在大力倡导职业教育办学模式改革、形成中国特色职业教育办学模式的同时，缺乏职业教育办学模式改革

的实践探索和理论支持。这也从另一个侧面说明了职业教育办学模式
改革的必要性。

三、我国职业教育办学模式改革的特点

（一）政府是改革主要推动者，但职能发挥不够

在我国，由于中国特色的政治体制，改革往往由政府发起倡导并
推进实施，教育改革也不例外。教育作为中华民族伟大复兴的基石，
发展教育是历届政府的首要责任，尤其是党的"十九大"之后，教育
被摆在了优先发展的、更加重要的战略位置，教育事业若想健康持续
发展必须深入推进改革，教育领域综合改革应时而生。职业教育办学
模式改革是教育领域综合改革的一个方面，其主要推动者亦是各级政
府，政府为了社会经济和职业教育健康发展，有进行职业教育办学模
式改革的动力和能力。但是我们同时看到，职业教育办学模式改革过
程中，政府职能发挥的还不够充分。这种状况亟需改变，但同时学校
和企业自身的政策参与意识就很欠缺。

（二）改革主体范围逐步扩大，措施更加丰富

最初的职业教育办学模式改革的主体主要是政府，随着改革的不
断深入，政府对单主体弊端的认识逐渐清晰，逐步完善改革措施，修
正改革偏差，逐步把职业教育办学模式改革的其他主要利益相关方，
如学校、企业等都纳入改革主体范围当中。随着职业教育办学模式改
革措施的不断完善，改革措施更加丰富具体，因为每次改革都是针对
具体的、突出的职业教育办学问题来展开的，针对这些问题设计改革
措施会比较具体，更有操作性。随着职业教育办学模式改革的不断深
入，改革过程中出现的问题和困难也逐步清晰，对这些问题和困难的
认识也逐步透彻、逐步深入，从而使职业教育办学模式改革措施逐步
细化。同时，为了提升改革的效力，职业教育办学模式改革还采取了
以下措施：一是改革政策以政府名义发布，增加改革的权威性和影响

力；二是改革政策对如何推进改革会提一些具体要求，而且还会出台相应的实施细则等配套措施，使改革思路和改革措施更加明确；三是召开改革推进大会，请党政主要负责同志到会讲话，引起各方普遍重视。

（三）改革多为自上而下的政策指令，形式大于内容

教育改革有"自上而下"和"自下而上"两个范式的争论，哪个范式合理暂不赘述，但在我国的教育改革一般都是"自上而下"式的。职业教育办学模式改革是职业教育办学过程中各利益相关方进行的一种办学模式创新与调适过程，然而现实中的职业教育办学模式改革的起点，往往是一系列指令性的、命令式的改革政策或行政命令，无论是学校、企业、社会还是教育工作者、学生、家长，不论是同意、赞成、热衷还是反对、拒绝、冷漠，都要面对这些政策指令，都要无条件地执行。

第二节　社会生产方式变革与职业教育办学模式改革

生产方式是指社会生活所必需的物质资料的谋得方式，在生产过程中形成的人与自然界之间和人与人之间的相互关系的体系，在产业经济学领域，生产方式是社会经济系统内部的产业结构及其运行机制，是产业经济存在和发展的基础和方式，在一定程度上决定着产业经济的内涵性质和外在形态。马克思曾提出，物质生活的生产方式制约着整个社会生活、政治生活和精神生活的过程[①]，也就是说，特定历史阶段的经济生产方式决定着整个社会的生活方式和社会经济的发展水平。马克思同时指出，随着新生产力的获得，人们改变自己的生产方式。

---

① 中共中央马克思恩格斯列宁斯大林著作编译局. 马克思恩格斯全集（第2卷）[M]. 北京：人民出版社, 1995:32.

随着生产方式即保证自己生活的方式的改变，人们也就改变着一切社会关系①。这就告诉我们，生产方式会随着生产力的发展而发生变革，生产方式的变革是一切社会关系变革的基础，是一切社会变革的决定性力量。

制造业是体现社会经济生产方式的主要产业，社会经济生产方式的每一次变革都是与制造业变革同步进行的，制造业的变革贯穿于人类社会经济和社会文明发展的全过程，同时也极大地影响了人类社会经济和社会文明的发展，为人类社会经济和社会文明发展提供充沛的动力。在人类发展史上，经历了原始社会、奴隶社会、封建社会、资本主义社会和社会主义社会五种生产方式，在这五种生产方式背后隐含着从农业时代，到手工业时代、工业时代初期、工业时代中后期、后工业时代即知识经济工业时代的演进规律。不同时期，职业教育办学模式也呈现了不同的类型和特点。研究社会生产方式变革与职业教育办学模式改革之间的关系，探讨各社会生产发展阶段职业教育办学模式的改革，可以明确社会生产方式变革对职业教育办学模式改革的影响，明确职业教育办学模式改革的社会基础和动因，为深入了解职业教育办学模式改革奠定基础。需要说明的是，农业、手工业、商业是前工业社会最为基础的经济样态，其中商业是比较特殊的一个经济样态，它既存在于前工业社会，又存在于工业及其以后的社会，可以说商业也贯穿于人类社会经济发展的全过程，而且商业与本部分研究确定的制造业主线不符，因此此处不做探讨，农业时代属于狩猎农耕时期，还没有出现手工业和制造业，与职业教育联系不大，因此此处也暂不做探讨，从这个意义上说，这里提的手工业时期可以等同于前工业时期。

---

① 中共中央马克思恩格斯列宁斯大林著作编译局. 马克思恩格斯全集（第47卷）[M]. 北京：人民出版社, 979:479.

一、手工业时期的职业教育模式

手工业时期，还没有出现专门的职业学校，人们的职业技能主要是通过师带徒、父传子等非正规的教育形式来获得，因此这一时期称为职业教育模式或技能发展模式而不能称作职业教育办学模式。

（一）手工业时期社会生产的特点

手工业是指使用简单的生产工具，依靠手工劳动，从事小规模生产的社会生产方式，分古代手工业和现代手工业，此处主要是指古代封建及以前社会中的、还没有从农业中分离出来或者刚刚分离出来不久的、家庭作坊式的、以生产生活资料为主的社会生产方式。其主要特征有以下几个方面：一是生产工具非机器化，这一时期劳动者使用的生产工具都非常简单，没有任何科技含量，如剪刀、锤子、石磨等，生产过程中需要的动力一般来源于动物，如牛、马、驴等；二是生产规模零星化，手工业时期的手工业生产规模都极小，零星地散布于各个家庭之中，即便到了工场手工业阶段，其生产规模也依然较小，这是由于时代特征和手工业生产的目的造成的；三是生产团队家庭化，这个时期的手工业生产一般都是由一名掌握特殊技艺的手工业者利用自己的特有技艺，带动家族内家庭成员共同开展生产活动，有的也招收学徒，学徒也以家族成员的身份参加生产活动，因为封建社会"师徒"之间和"父子"之间的关系类似；四是生产场所家庭化，手工业时期的手工业生产场所一般在手工业者的家中，没有单独的"生产车间"或"工厂"；五是生产产品日用化，这一时期手工业生产的产品主要集中于日常生活用品领域，都是为了保障自家及其他人的生存，生产出来的多余产品也更容易卖掉。

（二）手工业时期的古典学徒制

手工业时期，还没有出现一般意义上的职业学校教育，而是以特定技艺传承和特定技艺学习为目的的技艺代际传递，这一时期最主要的所谓职业教育模式就是古典学徒制。寻求特定技艺的有效传递方式，实现技艺的传承，是拥有特定技艺的手工业者主要关注的问题，在这一有利环境下，古典学徒制应运而生。古典学徒制，有的学者又叫传统学徒制，是出现在农耕社会，以简单的家庭作坊手工业生产为依托，以"父传子""师带徒"等方式，实现特有技艺传承的一种职业教育模式。手工业时期，技艺的形成过程最大的特点是机械的重复训练和不断地"试错"，没有相关的理论讲解，往往是徒弟先看师傅具体操作，同时师傅告诉徒弟要领，然后师傅再监督徒弟训练，及时纠正徒弟的错误，这就决定了这一时期主要的职业教育模式是古典学徒制。影响古典学徒制的最主要的因素是特有技艺的私有化和排他性，拥有特有技艺的手工业者对自身技艺的保护意识比较强烈，一般不希望技艺的扩散，也不希望看到技艺的革新，更不能容忍徒弟"青出于蓝而胜于蓝"，这是由于：一是特有技艺是手工业者生活资料和家庭开支的主要来源，泄露了会增加竞争对手，影响手工业者自身生活；二是受传统观念的影响，技艺一代一代往下传已经形成惯例；三是一项技艺的产生成本较高，在没有得到对等的利益的情况下不会轻易外传。上述这些因素也是手工业时期出现古典学徒制这一职业教育模式的另一个重要原因。

美国学者迈克尔·波兰尼关于古典学徒制曾有一段典型的叙述：一种无法详细言传的技艺不能通过规定流传下去，因为这样的规定并不存在。它只能通过师傅教徒弟这样的示范方式流传下去。这样，技艺的传播范围就只限于个人之间的接触了，我们也就相应地发现手工工艺倾向于流传在封闭的地方传统之中。正是技艺传递的这种封闭性特征，决定了手工业时期技艺传承的主要方式是古典学徒制，也就是说，只有古典学徒制这种技艺传承形式或职业教育模式，才能适应包含复杂技艺的手工业生产方式。同时，古典学徒制自身也体现了手工业生产的生产内容。

与现代职业教育相比，古典学徒制有其自身的显著特点：一是学习方式的观摩性，学徒在整个学习技艺的过程中，不是通过书本理论的学习，而是通过观摩师傅的现场操作演示来形成自己的技能，习得的知识主要是操作性知识和经验性知识；二是教育内容的全过程性，学徒需要学习的技艺分散到整个工作流程中的每一个环节和每一道程序，只有从头到尾把工作做完，才能习得全部技艺；三是教学方式的纯实践性，学徒学习技艺全部是在操作现场进行的，师傅在操作现场工作的同时演示并传授技艺，学徒在做一些辅助性工作的同时适时参与并学习；四是职业道德的伦理性，学徒在学习技艺的过程中，师傅对学徒职业道德的要求一般仅限于尊师重业、德业兼修等伦理性道德要求；五是学习效果的低效性，学徒学习技艺的周期一般比较长，中世纪英国的学徒期一般要 7 年，德国泥瓦匠要 6 年，学徒期过长造成了学徒学习效果的低效率。这一时期的职业教育主要是以个体行为为主，相对比较封闭，完全意义上的职业学校还没有出现，可以说是职业教育的萌芽时期。

二、工业时代初期与职业教育办学模式

随着人类社会的进步和社会经济的发展，到 18 世纪中叶，以蒸汽机、珍妮纺纱机等工业机器的发明和大规模使用为标志的第一次工业革命拉开帷幕，第一次工业革命的意义不仅仅是工业革命本身，更重要的是它带来了巨大而深刻的社会变革，可以说，第一次工业革命是人类历史发展的里程碑。第一次工业革命时期又叫工业时代初期，机器生产代替了大量的手工业工人，社会分工进一步细化，生产规模进一步扩大，这些都给职业教育的孕育和发展提供了客观条件。

（一）工业时代初期的社会生产特点

工业时代初期的社会生产主要有以下几个特点：一是生产工具的机器化，这是工业时代初期最典型的特点，机器为生产提供主要动能，大量的人力被机器代替，工人的主要工作由直接从事劳动变成了操作

机器进行劳动或为机器服务，机器提高了劳动生产的科技含量，降低了劳动生产的技艺含量；二是生产规模扩大化，经济生产活动的集中进行，减少了不必要的资源消耗，提高了社会经济生产率，使之前的小规模、零星式的家庭作坊逐步消失，使生产规模更大；三是生产人员的职业化，机器生产需要许多人分工合作、共同配合完成整个生产过程，这样一个完整的生产流程就被切割成不同的工作环节，每个工作环节都需要特定的工作技能，对应着一个特定的工作岗位，这些工作岗位需要专门的人来做，从事这些特定工作岗位的产业工人就被贴上了不同的"职业"标签和"岗位"标签，手工业时期的手工业者变成了专门的产业工人；四是生产场所专门化，工业机器的大量使用和高昂的成本使传统手工业作坊逐步被淘汰，以机器生产为主要形式的规模化工厂随之产生，大规模的机器生产也需要建立专门的生产场所进行生产；五是生产产品的多样化，工业时代初期社会经济生产的产品从手工业时期的仅生产生活资料转变成了既生产生活资料又生产生产资料。

（二）工业时代初期的职业教育办学模式

在工业时代初期，"父传子""师带徒"的封闭的技艺培养模式不能适应机器大生产对大批产业工人的需求，一个人负责全部生产流程的工作方式不适合流水线式的机器操作，过长的学徒周期不适合工业时代激烈的人力竞争，这就导致古典学徒制消亡成为一种必然。随着古典学徒制的消亡，1814 年，英国的《工匠、徒弟法》被废除，建立了技工讲习所，开展了"机械工人讲习所运动"，主要目的是传授工业机器生产原理和相关技术技能。到 1850 年，英国主要的几个工业区已经创办 600 多所技工讲习所，惠者甚众，超过 50 万人。[①] 机械讲习所逐渐由当初对职工进行技术教育的场所转变为产业革命中产生的新中产

---

① 翟海魂. 发达国家职业技术教育历史演进 [M]. 上海：上海教育出版社，2008:46.

阶级——技术员阶层进行成人教育的场所，部分发展为工业学校①。在18世纪80年代，德国工业革命的准备阶段，就出现了企业和部分时间制职业学习机构的职业训练，出现了带有专业倾向的、为劳动者阶层开设的工业学校。18世纪末至19世纪初期，德国工业学校得到了广泛推广。美国的社区学院也是在这一时期萌芽并发展起来的。这些专门的职业教育学校和办学方式的出现，在满足工业机器大生产对技术技能人才需求的同时，发挥了职业教育的重要作用，也使完全意义上的职业教育真正诞生，为职业教育发展开启了新的篇章。

工业时代初期，职业学校正式诞生，这是职业教育发展史上最重要事件。在这一时期，工业机器的出现提高了社会生产的技术含量，提高了社会经济生产率。社会经济生产率的提高使产业工人的工作时间比手工业时期大幅缩短，这样产业工人就有了一定的业余时间，产业工人业余时间的出现为职业学校的诞生奠定了客观基础。工业机器的出现使社会生产的技术含量大大提升，对掌握工业机器操作使用技能的产业工人产生了大量需求，这为职业学校的诞生奠定了现实需求。机器提高了劳动生产的科技含量，降低了劳动生产的技艺含量，生产技能变成了操作机器，技艺不再像以前手工业时期那样需要很高的成本，还有经历一个很长的学习过程，而是变得相对简单，短期即可学会。尤其是各类社会团体的出现及其从事职业教育的热情，对职业学校的诞生起到催化剂的作用。正是上述因素，最终导致了职业学校的诞生。

在工业时代初期，随着专门的职业学校的出现，职业教育办学体现出以下特点：一是政府部门逐渐意识到职业教育的重要性。手工业时期的手工业生产一般是手工业者出于自身生存需求而进行的自发的生产行为，这一时期的古典学徒制是手工业者为了技艺的传承和现实

---

① 石伟平. 比较职业技术教育 [M]. 上海：华东师范大学出版社，2001:8–10.

生产的需要进行的个体间技艺传授的个体行为，政府一般不会干预、介入或支持。而工业革命之后，随着大规模机器化的大生产的开展，操作机器的产业工人非常紧缺，已经成为制约工业时代初期经济发展的主要因素，此时的政府也逐渐意识到经济实力对于国家竞争力的重要性，意识到掌握生产机器操作技术的产业工人的重要性，于是政府开始介入产业工人的培训工作，关注职业学校的办学行为。二是教学组织形式的统一性。手工业时期的古典学徒制的教学组织形式主要是"师带徒""父传子"式的"一对一"或"一对多"的组织形式，到了工业时代初期的职业学校，主要采取"一对多"的班级授课制，班级授课制是学校教育最主要的教学组织形式，工业时代初期新生的职业学校也不例外，这种教学组织形式大大提高了培训效率，短时高效地培养了大批产业工人。三是教学内容的专业性。与手工业时期古典学徒制培养基于工作全过程的"全能型"手工业者相比，工业时代初期的职业学校，主要是针对机器生产流程中的各个环节，或者说机器生产过程中的各个岗位，培养具备一定专业技能的"专门型"技术工人，因为机器生产拥有复杂的生产流程，需要不同岗位的产业工人分工合作才能完成整个生产过程，分工也是工业时代的典型标志，只是工业时代初期的分工是基于生产实际需要的分工，不是精细化的分工，分工的合理性和科学性也不高。四是社会团体的作用逐渐凸显。工业时代初期，各类社会团体、行业组织出于自身利益需求的考虑，开始积极投入职业教育中，如19世纪末到20世纪初期，英国的各类社会团体积极开展职业教育活动，"伦敦同业公会"负责技术工人的技能鉴定，慈善机构资助"工艺学校"。这一时期的职业教育，已经由个体行为扩大到政府关注和社会参与，技能学习已经由一种个体化、私人化的行为扩展到一种社会化、公共化行为，职业教育在提升个体发展空间的同时，已经成为推动经济发展、社会进步的重要因素。

三、工业时代中后期与职业教育办学模式

19 世纪末，第二次工业革命的开始使人类社会和科学技术得到了新的突飞猛进，其主要标志是电力的广泛应用、新的通讯方式的发明和以内燃机为代表的新的交通工具的使用，人类从此进入了电子化时代。20 世纪 40—50 年代，以电子计算机、原子能、生物工程和空间技术的发明和应用为主要标志的第三次工业革命陆续展开，第三次工业革命极大地推进了人类社会政治、经济、文化领域的深刻变革，极大地影响了人类的思维方式和生活方式，人类从此进入了信息化时代。此处所说的工业时代中后期主要是指第二次和第三次工业革命时期。

（一）工业时代中后期的社会生产特点

第二次和第三次工业革命，使制造业从机械化生产升级成为自动化生产，这一时期，资本的关键性作用得到充分发挥，企业对产品的关注点开始从数量转移到质量上来。诺贝尔经济学奖得主西蒙·库兹涅茨把先行工业化国家这个阶段的经济增长称为"现代经济增长"，其区别于早起经济增长的主要特征在于，现代经济增长主要已经不是靠资本积累，而是靠提升效率来实现①，这就是所谓的"新型工业化道路"。这一阶段社会生产的主要特点有：一是农业和制造业占社会生产的比例此消彼长。工业化是这一时期的显著特点，其主要表现就是工业化的生产方式取代了传统的农业生产方式，工业占国民生产总值的比例和工业从业人员占社会总劳动力的比例逐年提高，农业和农业从业人员比例相应下降。值得注意的是，这一阶段，服务业发展势头迅猛，已成为一种不可忽视的潜在经济发展动力。二是科学技术成为社会生产发展的主要动力。第二次工业革命以前，社会生产的主要动力是个体手工业者技能的熟练程度和生产经营的积累，这其中的科学技术含量较低，即便第一次工业革命发生后出现的蒸汽机、珍妮纺纱机等机

---

① 吴敬琏. 思考与回应：中国新型工业化道路的抉择（上）[J]. 学术月刊, 2005(12):38–45.

器，也是科学技术含量不高的原始工业机器，而第二次工业革命和第三次工业革命的到来，新能源、新材料、新工艺的大量使用以及发电机、内燃机、电报等新技术的发明，都是以科学技术为基础的，科学技术在社会生产中发挥了至关重要的作用。三是社会生产模式发生了深刻变革。第二次工业革命之前的工业生产主要是无组织、不系统的工业生产，而随着第二次工业革命深入发展，19 世纪初期的美国，形成了以流水线生产和 M 型结构为主要特征的"福特制"生产模式，使社会生产模式发生了根本性的变革。福特制生产模式以泰勒制为生产原则，通过劳动标准化、严格的分工和机器流水线生产，辅以所谓的科学化管理方式，大批量、大规模生产标准化、社会消费性产品。福特制最大的优点就是通过流水线生产和科学化管理大大提升了社会生产效率，带来了大量的利润与价值，极大地促进了社会经济的发展和繁荣，但其缺点也非常明显，它把工人变成了"机器"，工人生产活动的自主性和创造性被剥夺，模式化、线性化、简单化的工作模式对工人的行为方式和心理健康产生了很大影响。

（二）工业时代中后期的职业教育办学模式

工业时代中后期，科学技术的重要作用和社会化大规模生产的到来，对人才需求提出了更高的要求，不仅需要基础科学技术的研究型人才，而且更多地需要了解一定科学技术，掌握先进生产方法和技能的一线生产者。随着工业革命的进一步发展，劳动技能型人才成为了社会经济发展的重要保障，对社会经济发展发挥着重要推动作用，战后德国、日本等国经济的迅速崛起已经说明这一点。随着社会生产方式的变革和社会需求的变化，职业教育办学模式也要发生相应的变化，工业时代中中后期，工业取代了农业成为推动社会经济发展的主要动力，工业从人员需求增大，相应的农业从业人员出现了大量富余，大量的农村富余劳动力需要转移到城市成为"产业工人"，因此，培养技术技能人才仍然是这一时期职业教育的中心任务。

工业时代中后期的职业教育办学模式主要有以下特点：一是政府全面接管职业教育。职业教育对产业工人的培养和社会经济发展的重要作用，在这一阶段被充分证明，各国政府清楚地认识到职业教育的重要性，开始全面接管职业教育工作，职业教育也开始具备公共产品属性。这一时期，政府管理职业教育主要通过立法管理、顶层设计、提供保障等方式来进行。美国于1917年颁布了《史密斯—修斯法案》，正式建立起来国家职业教育制度。20世纪初期，美国政府开始构建全国的初级社区学院职业教育体系，为社会提供各类职业培训。20世纪30年代末，以初级社区学院为基础，美国政府建立了大量社区学院，成为美国职业教育的主要组成部分。德国早在19世纪末期就考虑强制实施职业技术教育，规定18岁以下学徒和工人必须到补习学校学习，20世纪初期，德国构建了"双轨制"的中等教育体系，1938年颁布的《国家教育法》和1969年颁布的《联邦职业技术教育法》从法律上保障了职业教育的地位，构建起了"双元制"职业教育办学模式。二是企业培训取代社会团体成为职业教育发展的重要补充。随着政府在职业教育发展过程中作用的加强，这一时期的社会团体在职业教育发展中的实际作用有所弱化。作为政府职业教育的重要社会力量补充，企业培训在这一时期不断加强。虽然在第二次工业革命以前企业培训就已经存在，但是工业时代中后期的企业培训已经发生了深刻的变革，变成了政府职业教育的重要补充和职业教育的重要办学模式之一。企业培训不仅保持了工厂学徒制培训的特点，而且使整个职业教育体系更加完善，职业教育培训经费来源更加丰富。三是职业教育办学以学校职业教育为主。工业时代中后期"福特制"的出现，使生存规模不断扩大，对掌握单一技能的技能型人才的需求大量增加，如何进行大批量的技术技能型人才"生产"成为职业教育关注的焦点，也成为职业教育的重要任务。适应"福特制"生产方式的技术技能人员不需要掌握工作岗位之外的任何技能，仅培养工作岗位技能即可，这部分人工作内容和方式相对单一、工作流程相对固定，培养起来也相对简单。学校形式的职业教育以班级授课制以主要特点，教授内容相对简单，正好符合"福特制"产业工人培养的特点，成为这一时期职业教育的首选。四是教学内容更加专业。工业时代初期的分工是基于生产实际需要的分工，不是精细化的分工，分工的合理性和科学性也不高。而"福特制"的出现，把体力和脑力劳动区分开来，流水线工作需要的是胜任某个生产环节的具体工作岗位、具备相对单一的劳动技能的一线技术生产者。"福特制"严格的、纵向的等级制的管理制度把管理者和劳动者区分开来，强调管理对生产流程的自上而下的控制，从而使严格的分工贯穿于整个工作始终，并伴随着工作的高度专业化和固化。因此，职业教育的使命就是培养胜任某一特定岗位的专业技术人员，这就决定了职业教育教学内容的专业化。

四、后工业时代与职业教育办学模式

20世纪40年代开始的信息技术革命使人类社会进入了知识经济时代，尤其是20世纪80年代计算机、生物、新能源、网络等高科技的发展，社会生产逐步由自动化集成生产转变成了网络化、数字化智能制造，国际主要发达国家的经济发展更加依赖知识和信息技术的运用和生产。这里所说的后工业时代主要是指知识经济时代，同时还包括后知识经济时代、智能化时代和大数据时代等。

（一）后工业时代的社会生产特点

后工业时代，知识成为了最为关键的生产要素，企业的关注点由产品质量转移到产品服务上来，大规模的流水线生产被个性化定制所取代，创新成为了这个时代的主题词，工业时代的劳动力要素、资源要素、管理要素、资本要素逐步被智能劳动要素、信息和知识要素、创新力要素、金融要素和核心技术要素所代替。后工业时代的社会生产主要有以下特点：一是脑力劳动取代体力劳动成为主要的社会劳动生产方式。资源和劳动力是社会生产的两个核心要素，工业时代中后期及其以前，以自然资源为主要资源的社会生产方式需要大量的体力劳动作为支撑，但随着人类社会进入后工业时代，知识资源、数字资源逐步取代了自然资源成为社会生产的主要资源，相应的劳动力支撑也由体力劳动为主转变成了以脑力劳动为主。二是生产组织形式上，个性化、分散化成为主流。工业时代社会生产方式主要以单品种、大批量的标准化生产为主，不同的流水生产线生产出不同品种的大宗商品，而在后工业时代，企业对于产品的关注已经从数量和质量转移到消费者、客户的个性化需求，企业生产以满足每个消费者的个性化需求为主，这一时代社会生产的重要特点就是小批量、高效率、个性化定制的非标准化生产。流水线式的标准化生产被个性化定制取代之后，集中的大规模生产场所必将被分散的个性化的生产组织所代替。三是服务业成为最主要的国民经济发展动力。与农业占主导地位的手工业时代和工业占主导地位的工业时代类似，后工业时代是服务业占主导地位的时代，服务业占国民生产总值的比例大幅提高并占主导地位，服务业从业人员占社会总从业人员的比例同样大幅提高并占据主导地位，服务业成为社会经济发展的支柱产业，这是由人类社会劳动力从第一产业向第二产业再向第三产业迁移的规律所决定的，也是由个性化定制代替标准化生产、知识信息资源代替自然资源、脑力劳动代替体力劳动等社会生产劳动方式变迁决定的。四是层级制管理方式被扁平化管理方式所取代。在"福特制"社会生产方式下，与流水线式的标准化、大规模社会生产相适应的，是科层制、等级制的管理方式，追求管理对工作全过程的控制和上级对下级的控制。进入后工业时代后，"福特制"社会生产方式逐步被其他生产方式取代和超越，相应的层级制管理方式也被取代，随着人们对"丰田生产方式""奥迪生产方式""第三意大利"的关注，采用弹性化的劳动方式、通过协商机制来处理问题、以项目制为基本工作单位的扁平化管理模式逐步确立，这种小型化、去中心化、个性化的生产单位更能够适应后工业时代社会发展的特点和消费者不断提高的需求。

（二）后工业时代与职业教育办学模式

后工业时代社会生产、运营、管理方式及结构的变化必然会导致职业内涵、结构的变化和职业的不断消亡、更替。有统计显示，自20世纪70年代以来，美国的产业工人占社会总劳动人口的比例大幅下降，仅占10%左右，从事体力劳动的"蓝领"工人数量锐减，与此同时，从事脑力劳动和服务业的"白领""灰领"大量增加。"蓝领"工人与"白领""灰领"劳动者在技能水平、知识结构、岗位特点等方面都有很大不同，因此，其培养方式和技能形成过程必然也存在较大差别，这将从根本上影响职业教育办学模式的特征。有学者提出，在后工业时代，职业教育办学发展将呈现全民化、终身化、重视创业教育、重视关键能力培养、与就业和产业部门合作等特点，[①] 这些都将对职业教育办学模式产生重要影响。

后工业时代办学模式主要有以下特点：一是后工业时代职业教育办学模式呈现多样化。后工业时代科学技术日新月异，社会生产领域不断分化、重组、更新，社会生产工作岗位随之消亡更替，技术含量高的高新技术岗位不断增加，世界各国为了应对这种挑战，不断对自身职业教育办学模式进行改革，这就使世界各国的职业教育办学模式出现了多样化趋势。如美国重新变革了社区学院的社会职能，增加了建设学习化社区、提供合同培训等社会职能；澳大利亚在20世纪70年代成立的技术与继续教育委员会（TAFE），形成了学历教育与岗位培训相结合、继续教育与技术教育相结合、教育培训方式灵活的 TAFE 学院；德国在原有高专的基础上，发展了"科技大学"这一新的高等职业教育办学模式。二是后工业时代职业教育办学面临的挑战增多。在

---

① 吴雪萍. 国际职业技术教育研究 [M]. 杭州：浙江大学出版社，2004:7–18.

后工业时代，信息技术逐步成熟，网络技术的广泛应用对职业教育办学模式形成了新的冲击，网络学习成为主要的学习方式并被欧美等主要发达国家所提倡，如英国的产业大学，就是借助覆盖全国的信息技术进行职业教育与培训的机构，通过现代化通信方式将分散的职业教育资源整合到一起。高新技术的发展对技能型人才提出了高端化的需求，既要有较深的理论功底又要有较强的实践技能，这对职业教育办学也提出了挑战，如德国为了适应这种需求，在联邦政府的支持下，大力发展跨企业培训中心，提高培训标准，培训内容兼顾高新技术理论学习，给培训者提供一般性的、更理论化的技能培训。英国为了应对高新技术发展对职业教育提出的挑战，重建了职业教育机构、课程、教学策略和评价方式，开展了"新职业主义"运动，通过加强与企业界联系、加强培训者的核心技能培养等方式来应对挑战。三是学徒制重新成为重要的职业教育办学模式。在经过了工业时代的低迷后，学徒制重新被各国重视，为了与传统学徒制相区别，现在的学徒制叫现代学徒制。现代学徒制具有学徒双重身份、具体岗位培养、双导师育人、培养内容项目化模块化、培养对象和领域的泛化、重视基础知识和通用技术等特点，这些特点恰好满足后工业时代社会生产方式变化对职业教育提出的新要求。如培养内容项目化模块化可以满足学徒的个性化需求，学徒双重身份、双导师育人使企业也成为了学徒培养的主体之一，培养对象和领域的泛化可以满足后工业时代对职业教育的全民化和终身化需求，重视基础知识和通用技术可以适应高科技和综合化的人才需求。四是职业教育办学内容发生变化。后工业时代，知识和信息成为了社会生产的主要资源，脑力劳动成为了主要劳动方式，服务业成为了社会经济的支柱产业，这些变化都要求职业教育办学做出相应调整和改革。科学技术不断进步，知识更新不断加快，社会的剧烈变化给职业岗位结构和内容带来了深刻变化，要求劳动者具备更高的知识结构和技能水平，职业教育办学内容也应进行相应变革。随着社会的发展，各方融合、形成共同体将是必然趋势，这就使得职业教育与社会经济联系更加紧密，职业教育办学更加关注产业经济发展，根据产业经济发展来调整办学方向将是职业教育办学内容的变革的普遍做法。

第三节 我国职业教育办学模式改革历程

一、我国职业教育办学模式改革的基础及动力

（一）我国职业教育办学模式改革的基础

职业教育办学模式并不是一成不变、一劳永逸的，正如前文所说的，它需要随着社会经济发展、科技进步、职业岗位的更替及其上述变化带来的人才需求变化而不断调整、完善。职业教育办学模式需要不断地进行改革，才能适用社会经济发展对技能型人才的需求，才能更好地服务社会、回报社会。因此，职业教育办学模式改革是职业教育发展的应有之义，是职业教育办学模式的永恒话题。

"基础"是事物发展的根本或起点。职业教育办学模式改革的基础是职业教育办学的传统。职业教育办学传统蕴涵了丰富的职业教育办学经验、职业教育办学素材、职业教育办学规律和职业教育办学规则，是经过长期职业教育办学积淀形成的历史根基，为后来的人们提供了各种教育制度选择的可能性，[①] 任何职业教育办学模式的改革都要以职业教育办学模式传统为基点，只有与职业教育办学传统相结合的职业教育办学模式改革才是有基础、有效益的改革。职业教育办学模式的传统既是职业教育办学模式改革的基础，又是职业教育办学模式改革的对象。维特根斯坦提出的"规则悖论"认为：难道不存在这样一种

---

① 李江源. 教育传统与教育制度创新 [J]. 教育理论与实践，2003(6):19–23.

情况吗？其实"我们一边玩儿，一边制定规则"，甚至还有这种情况，"我们一边玩儿，一边改变规则"①，也就是说人们在活动中遵循的规则、制度正是在人们的活动实践中形成的，也正是在人们的活动实践中完善的。如果将职业教育办学模式看成是一种规则、制度的话，那么职业教育办学模式改革正是在职业教育办学过程中形成的，也正是在职业教育办学过程中发生的。因此，职业教育办学模式改革离不开一个国家职业教育发展的历史，离不开地方职业教育办学模式发展的历史，离不开职业教育机构对办学模式的探索。

（二）我国职业教育办学模式改革的动力

"动力"是推动工作、事业前进和发展的力量。任何改革的发生都是由其背后的推动力量所完成的，职业教育办学模式改革也需要一定的力量激励其发生和向前发展。职业教育办学模式的改革动力主要包括：职业教育发展环境发生的变化、对职业教育办学效能的追求、职业教育外部竞争压力、对职业教育认识的不断深化。

1. 发展环境的变化促使职业教育办学模式进行改革

任何事物的发展都离不开外部环境，职业教育也不例外，发展环境是职业教育办学的外部氛围和社会基础。随着科学技术的不断进步，新的知识呈现爆炸式增长，新技术的发展日新月异，新的技术更替周期越来越短，由此带来了社会经济的飞速发展以及社会文化的不断变迁，具体到生产层面就是新职业的不断产生和旧职业的不断消亡，由此引发了新的岗位的不断出现和岗位技能要求的不断变化，可以说，我们现在正处在一个瞬息万变的时代。职业教育作为为生产一线培养高技能劳动者的教育类型，社会经济和科技的剧烈变化给职业教育带来了巨大的挑战，职业教育若想很好的应对新的巨大的挑战，培养适应社会需求的人才，就必须对自身进行相应的变革。职业教育办学模

---

① [奥地利] 维特根斯坦. 哲学研究 [M]. 李步楼译. 北京：商务印书馆，1996:59.

式是沟通社会经济发展与职业教育内部人才培养的桥梁，在职业教育为应对社会经济和科技巨变所做的变革中，发挥着至关重要的作用。在这种情况下，应率先改革职业教育办学模式以适应社会经济和科技发生的巨变，从而带动职业教育内部人才培养的变革，提高职业教育人才培养的质量和适用性。

2. 对职业教育办学效能的追求引发职业教育办学模式的改革

效能是指有效的、集体的效应，即人们在有目的、有组织的活动中所表现的效率和效果，它反映了所开展活动目标选择的正确性及其实现程度，效能是衡量工作成果的尺度，效率、效果、效益是衡量效能的依据。职业教育办学效能是职业教育机构在实际的办学活动中表现的效率、效果和收到的效益，是职业教育办学目标的正确性及其实现程度的反映，提高职业教育办学效能是职业教育办学的永恒追求。提高效率的潜在机会的出现，源于约束条件的变化，如新技术、新的管理方法的产生，或者生产要素相对价格的变化等①。因此，为提高办学效率、追求办学效益、提升办学效果而采取的新的管理制度、校企合作形式、教学模式、专业调整、课程重置、教学方法、培养方式等方面的变化，都可以引起职业教育办学模式的改革，这是一种从职业教育办学内部引发的职业教育办学模式改革。需要说明的是，这种改革的前提是上述的一系列的变化都要得到大家的认可，在流行的主流思想观念认可的范围内进行，否则，这种职业教育办学模式的变革可能会受到反对或抵制，从而影响职业教育办学模式改革的效果。

3. 职业教育外部竞争压力迫使职业教育办学模式进行改革

竞争是市场经济的应有之义，职业教育外部的竞争压力是职业教育发展面临的永恒主题。与普通教育相比，职业教育处于绝对弱势的

---

① 罗必良，曹正汉，张日新. 观念、教育观念与教育制度——基于新制度经济学的分析 [J]. 高等教育研究，2006(1):58-63.

地位；与经济发达地区相比，经济落后地区的职业教育处于弱势地位；与职业教育办得比较好的职业教育机构相比，办得不够好的职业教育机构处于弱势地位。普职教育的差距、经济发达程度的差距、名校薄弱校的差距使职业教育办学处于各种压力之中。当某种职业教育办学模式在成效上低于外部竞争对手的时候，就说明这种办学模式在顶层设计、制度安排等方面已经落后于竞争对手，这就迫使这种职业教育办学模式进行改革。在市场经济条件下，在职业教育机构之间，竞争是必然存在的，若想培养高素质技能型受社会认可的生产一线劳动者，就必须保持某种竞争优势，而符合实际又科学合理的办学模式是保持职业教育竞争力的核心要义所在，职业教育机构若要在激烈的竞争中存活下来，就必须不断调整办学思路、不断探索、不断创新，持续进行职业教育办学模式改革。

4. 对职业教育认识的不断深化促使职业教育办学模式进行改革

对事物认识的不断深化是促进事物发展的必要条件，对客观世界认识的不断深化促进了人类文明的不断进步，同样，职业教育的不断发展也是要以对职业教育认识的不断深入为前提的。职业教育的认识主要包括职业教育理念的认识、职业教育办学规律的认识、职业教育内涵本质的认识等。教育理念是关于"教育的应然状态"的判断，是渗透了人们对教育的价值取向或价值倾向的"好教育"观念[1]，职业教育理念是人们对于职业教育的理性认识、理想追求及其所持的职业教育思想观念，不同的职业教育理念体现着不同的职业教育价值观[2]，职业教育内涵是职业教育根本特点和本质属性的描述，职业教育办学规律是职业教育具体办学育人过程中潜在的内在规律。职业教育理念、内涵以及办学规律等基本认识总是在不断的发展变化着的，这符合事物

---

① 陈桂生. "教育学视界" 辨析 [M]. 上海：华东师范大学出版社，1997:12.

② 周明星，汪开英. 现代职业教育之理念探微 [J]. 河北师范大学学报（教育科学版），2003(4): 53–57.

发展的一般规律和人们的一般认识。我国先后出现过职业教育"知识本位""能力本位""素质本位""人本本位"等不同的理解和认识，还出现过"终身教育""全纳教育"等思潮。职业教育理念、内涵以及办学规律等基本认识存在的方式多种多样，有显性的认识，也同时有隐性认识，它们指导职业教育实践又反映职业教育实践，它们在职业教育实践中表现出来的最主要的方式就是办学模式。因此，职业教育理念、内涵及办学规律的认识一旦深化，职业教育办学模式也会随之发生变化，产生变革。

二、我国职业教育办学模式改革研究历程及展望

（一）我国职业教育办学模式改革研究简述

目前，我国学者对于职业教育办学模式改革的关注度比较高，对于职业教育办学模式改革研究的理论成果比较丰富。比较有代表性的有石伟平的教育部哲学社科研究重大课题《职业教育办学模式改革研究》、陈旭峰的《职业教育办学模式改革研究：回顾与展望》、刘晓的《高等职业教育办学模式改革论纲——基于利益相关者理论的视角》、吴昊的《基于利益相关者参与下的高等职业教育办学模式改革研究》、万卫的《论我国职业教育办学模式的变革》、唐智彬的博士论文《农村职业教育办学模式改革研究》、徐国庆的《职业教育办学模式研究的分析框架》、周晶的《中国职业教育发展的根本方向——40年来职业教育产教融合发展的历程、规律与创新》等。从内容上看，主要是沿着职业教育办学模式的发展历程、发展现状、存在问题以及发展对策这一主线展开的，当然还有一些关于具体职业教育办学模式改革的典型案例式的研究成果包括特定区域、特定城市、特定职业院校等。从研究层次上看，国内学者从不同维度对职业教育办学模式进行了研究和探讨，有的从纵向的中等职业教育、高等职业教育维度来研究，有的从横向的职业教育办学理念、人才培养模式、校企合作方式的维度来研

究，还有的研究特殊职业教育。从研究对象上看，大部分都是研究高等职业教育办学模式或基于高等职业教育办学模式改革进行的研究。

（二）我国职业教育办学模式改革研究存在的问题

通过梳理现有的职业教育办学模式改革的研究成果，笔者发现目前职业教育办学模式改革研究还存在以下问题：一是从研究层次上来看，国家层面的宏观研究和院校层面的中观研究较多，而院校内部的教师学生的微观层面的研究较少，这就导致了目前职业教育办学模式的改革研究缺少对最基本的人的因素的关注和考量，缺乏生动性和鲜活性，说服力和解释力不足；二是从研究视角上来看，目前我国职业教育办学模式改革的研究视角过于局限，大部分研究局限在单一学科、单一领域内，缺少多学科的、跨学科的、跨领域的研究视角，这就导致了目前职业教育办学模式的改革研究视野比较狭隘，没有从政治、经济、文化等大的视角对职业教育办学模式改革进行思考；三是研究方法比较单一，研究范式不够丰富，目前已有的职业教育办学模式改革研究的研究方法除了基于学术文献的理论研究之外，大多都是经验介绍性质的案例研究，基于比较的研究方法、基于数据的实证方法、基于尝试的实验方法、基于调查的跟踪方法使用较少，研究范式多是定性研究，基于调查的定量研究不足，基于数据的特色指标体系研究不足，这就导致目前的研究不能全面、丰富的展示职业教育办学模式研究成果；四是理论研究与经济、社会、区域发展实际结合不够紧密，现有的职业教育办学模式改革的研究对当前我国正处于重大战略机遇期的发展目标关注不够、对新时代给职业教育带来的新变化新要求新机遇新挑战关注不够、对各区域不同的发展特点和战略发展方向关注不够。上述这些问题是摆在我国职业教育办学模式改革研究面前的重要课题，需要我们不断的探索尝试、突破局限，为我国职业教育办学模式改革提供全方位智力支持。

（三）我国职业教育办学模式改革研究的趋势

总结问题、预测趋势可以为相关领域的研究提供思路。基于对职业教育办学模式改革研究现状的梳理分析，笔者认为，我国职业教育办学模式改革的主要研究趋势是：一是继续提炼职业教育办学模式改革的理论体系。构建职业教育办学模式改革理论体系可以系统地为职业办学模式改革发展实践服务，目前看来，虽然我国职业教育办学模式改革的理论研究较多，但还是不够全面、不够系统，缺少系统的职业教育办学模式改革的理论体系的构建，缺少系统的对职业教育办学模式改革的理论指导。因此，提炼职业教育办学模式改革的理论体系是当前我国职业教育办学模式改革的迫切需求。二是继续总结我国职业教育办学模式改革的经验成果。通过职业教育办学模式改革可以为职业教育发展注入动力，我国各地职业教育办学模式的改革经验可以为其他地区职业教育办学模式的改革提供借鉴和参考，当前研究对我国职业教育办学模式改革的经验介绍还不够全面，对我国职业教育办学模式改革的特色经验提炼还不够系统，还没有形成中国特色的职业教育办学改革模式。因此，总结我国职业教育办学模式改革的经验成果，向全世界讲好"中国职业教育故事"，也将成为职业教育办学模式改革研究的一大趋势。三是努力借鉴国外职业教育办学模式改革的理论与实践成果。国外，尤其是发达国家，随着职业教育发展的不断完善，职业教育办学模式也不断创新，职业教育办学模式改革持续推进，职业教育办学模式改革研究不断细化，对职业教育办学模式改革涉及的办学形式、体制机制、人才培养、综合保障等方面的研究都比较成熟，而且不同文化、不同经济、不同社会中的职业教育办学模式改革也会对我国职业教育办学模式改革提供很好的借鉴和发展思路，但是反观我国现在对于国外职业教育办学模式改革的研究和介绍相对不足，借鉴他国经验，发展本土特色，也将成为职业教育办学模式改革的又一趋势。这里需要强调的是要处理好"拿来"与"使用"的关系，国外的先进经验要经过本土的吸收和转化才能适用，而不能直接"拿来"就用。四是着力构建中国特色职业教育办学模式改革的指标体系。指标体系是衡量某个事物是否科学、合理的重要参考，是保证事物沿着正确的方向发展的重要手段。现在我国职业教育办学模式改革研究是否科学、我国职业教育办学模式改革实践是否合理、我国职业教育办学模式改革的动向是否正确，这些根本问题的回答必须要借助一套科学合理的职业教育办学模式改革指标体系。因此，构建中国特色的职业教育办学模式改革指标体系也将成为职业教育办学模式改革研究的重要趋势。

三、我国职业教育办学模式改革实践历程

（一）萌芽期：改革开放以来到 20 世纪 90 年代初期

在这一阶段，社会发展的主要方向是体制改革，而职业教育办学模式改革从政策文件和"联合办""大家办"的改革实践可以看出，主要是行业、企事业单位办学和各方面联合办学。1983 年 5 月，教育部联合国家计委、财政部等部门联合下发《关于改革城市中等职业教育结构、发展职业技术教育的意见》要求"各级政府要加强统一领导，有关部门要明确分工，各负其责，搞好协作"，共同促进职业教育发展；1986 年 6 月，国家教委联合国家计委等部门联合发布《国家教育委员会、国家计划委员会、国家经济委员会关于经济部门和教育部门加强合作促进就业前职业技术教育发展的意见》，要求各经济部门要与教育部门加强合作，"各地经委与教委共同帮助本地区企业与各类职业技术学校对口建立必要的协作联系"，这个文件对地方教育部门与经济部门合作发展职业教育提出了明确要求。各地按照中央要求，积极开展职业教育办学模式改革实践探索，涌现了一批职业教育办学模式先进典型：河北省唐山市高度重视职业教育工作，由一名副市长直接管理，在地方财政大力支持的基础上，统筹全市经济和教育计划，相关

部门共同制订每年的招生计划和专业计划，同时辅之以劳动制度改革，企业招工优先从职业学校毕业生中录用。山东省青岛市的职业教育办学模式改革主要是围绕教育部门与相关企业联办职业高中来展开，有的是市教委与市直有关部门联办，有的是市直行政部门搭台职业学校与有关行业联办，有的是职业高中直接与市直部门、有关单位、相关企业联办。这一时期的职业教育办学模式改革刚刚启动，职业教育办学模式改革的重要性逐渐被认可，但是这一时期国内各地的职业教育办学模式，一般都是副市长牵头成立领导小组，由各相关部门参与，统一安排招生就业，统一设置学校专业，出台相应的配套措施，领导各相关部门共同进行职业教育办学模式改革。这一时期的职业教育办学模式改革实践可以说明，职业教育办学模式改革可以调动和发挥各方参与职业教育的积极性，能够使职业教育取得良好的社会效益，同时也能够说明，只有政府足够重视，各部门相互配合，才是职业教育发展的必由之路。

（二）混乱期：20 世纪 90 年代初期到 21 世纪初期

20 世纪 90 年代，产教结合成为了职业教育办学模式改革的主要方向，但是受当时特定历史条件的制约，职业教育办学模式改革出现了市场化倾向。中共中央、国务院于 1993 年发布的《中国教育改革和发展纲要》要求"要在政府的指导下，提倡联合办学，走产教结合的路子，更多地利用贷款发展校办产业，增强学校自我发展的能力，逐步做到以厂（场）养校"。受当时特定社会经济条件的限制，职业教育办学模式改革还停留在"学校生存"层面，通过改革先让学校办下去。正是在这种导向下和市场经济意识的影响下，职业学校把改革的重心放到了创办校办产业和实体上，重注学校生产实训基地建设，在自身创造利润补充教育经费不足的同时，职业教育办学模式改革实践对中央精神的理解也出现了偏差。据统计，1992 年年底，我国中职学校有10818 所，办了 28594 个实践基地和校办工厂，总产值达到 43.84 亿元，总收益达到 6.46 亿元。职业教育"专业产业化、产业专业化"带来的后果必然是对企业依赖性的降低和校企脱离的现实，甚至会与企业形成局部竞争关系，因此，企业会利用其专业性、自主性优势来挤压校办产业的发展空间。同时，当时特定的历史条件也加速了校企的进一步脱离。为了减轻企业负担、释放企业创造力、建设现代企业制度，国家从 1995 年开始试点分离企业承担的社会职能，1998 年中央政府机构改革，中央部门所属的职业院校划归到省级教育部门或其他部门，以地方办学为主，1997 年随着国家统招统分的"包分配"制度的结束，行业企业办职业教育的积极性受到很大冲击，加之此时的企事业单位财政压力巨大，对职业教育的支持也逐渐减少。校企的分离，给职业教育办学模式改革实践带来了一定冲击，人才培养也出现了一定的脱离企业需求的问题，这是我国职业教育办学模式改革的经验教训。

（三）成长期：2001—2010 年

20 世纪 90 年代中期，我国各界展开了教育市场化、产业化大讨论，反思教育的本质属性和出现的市场化、产业化倾向，各方一致认为，教育是市场经济中的准公共产品，教育改革必须要适应市场经济体制，但不应该走市场化、产业化的路子，这就明确了教育的公共属性和教育与社会经济相适应的重要性。进入 21 世纪以来，在众多职业教育发展政策的支持和引导下，我国职业教育办学模式改革开始向微观层面发展，这一时期职业教育办学模式改革的重点是学校微观层面的校企合作。虽然这一时期的职业教育办学模式改革聚焦在微观层面，但是也离不开宏观的政策支持和引导，在国家层面，明确了职业教育办学模式的改革路径：一是建立促进职业教育办学模式改革的制度体系。国家层面一直高度重视职业教育办学模式改革，鼓励产教结合、校企合作，加之进入 21 世纪以来，我国对职业教育的重视程度逐步增强，这一时期出台了大量鼓励性和引导性政策文件，形成了促进职业教育办学模式改革的政策体系。二是促进职业教育办学模式制度化。这一时期，国务院建立了由教育部牵头的职业教育工作部际联席会议制度，包括当时的发改委、财政部、劳动保障部、农业部、人事部、扶贫办等部门，统筹全国的职业教育工作。同时还协调政府、行业、企业、事业单位、学术机构等各部门，成立了全国职业教育改革创新指导委员会和全国职业教育教学指导委员会，有效促进了职业教育办学模式改革。三是采取多种促进职业教育办学模式改革的具体措施。充分发挥行业企业的引导作用，建立职业院校技能大赛制度；搭建产教沟通平台，建议教育与产业对话协作机制；扩宽宣传路径、丰富宣传手段，创新职业教育宣传活动；实行一系列专项行动计划，包括"三年五十万新技师培养计划""工学结合、半工半读试点""紧缺人才培养工程""国家示范性高等职业院校建设计划""中等职业教育改革创新行动计划""职业教育集团化办学试点""现代学徒制试点"等。

这一时期，涌现了一批职业教育办学改革的典型模式，如顶岗实习模式、订单制分段培养模式、职业教育集团化办学模式、"校中厂""厂中校"模式、学校和企业共建二级学院模式等。其中学校和企业共建二级学院一般是高职院校进行的办学模式改革，这可以看作职业教育混合所有制改革的初期探索。

（四）发展期：2011—2020 年

2010 年以后，我国职业教育办学模式改革逐步由半工半读、工学结合、校企合作发展到产教融合。产教融合是体现了职业教育办学的内在规律，是新时代我国职业教育办学模式改革的发展方向和关键所在。"融合"是指不同事物合成了同一个整体，从"结合"到"融合"的演进，体现了我国对职业教育办学模式改革认识的深化和对职业教育办学规律的科学把握。这一时期，国家密集出台了《教育部关于开展现代学徒制试点工作的意见》《关于深入推进职业教育集团化办学的意见》《国务院办公厅关于深化产教融合的若干意见》《职业学校校企合作促进办法》《国家职业教育改革实施方案》等政策文件，为新时代我国职业教育办学模式改革指明了方向。在上述政策的引导下，国家采取了一系列措施鼓励和促进职业教育办学模式向更深层次、更高水平迈进，涌现了一批具有创新性、示范性和突破性的职业教育办学改革典型模式：一是职业教育集团模式，自 1992 年我国第一个职业教育集团成立以来，现在已发展涵盖 2.5 万个企业、占高职办学改革比例 90% 以上的职业教育主要办学模式，职业教育集团已成为我国职业教育办学模式改革的主要方向；二是现代学徒制模式，2014 年国家部署现代学徒制改革试点，目前，多地现代学徒制办学模式改革已经取得部分理论和实践成果，涌现了广州、苏州、青岛等多个现代学徒制改革典型；三是股份制、混合所有制办学模式，2014 年国家首次提出要"探索发展股份制、混合所有制职业院校""允许以资本、知识、技术、管理等要素参与办学并享有相应权利"，此后广东、山东等地开展了相关试点，目前正在探索当中。这一时期我国职业教育办学模式改革体现了多元化、综合化、开放性、创新性、协调性等特点，丰富了我国现时代职业教育办学模式改革的实践经验，促进了我国职业教育办学模式改革不断深入发展。

第三部分
我国职业教育混合所有制改革的
实践案例

第四章　职业教育混合所有制改革实践

2014 年 5 月，国务院颁布《关于加快发展现代职业教育的决定》首次提出"探索发展股份制、混合所有制职业院校，允许以资本、知识、技术、管理等要素参与办学并享有相应权利"。"混合所有制"作为经济领域的术语首次被引入到了教育领域，这为我们职业教育办学模式改革提供了新的思路和方法。由于目前尚没有比较成熟的中等职业教育混合所有制改革案例，因此，本部分主要介绍职业教育混合所有制改革实践。

第一节　职业教育混合所有制改革的类型

从目前的职业教育混合所有制办学实践来看，混合所有制职业院校根据划分标准的不同而产生的类型也不同。根据不同所有制资本占比不同，可以分为以公有制为主体的混合所有制职业院校和以非公有制为主体的混合所有制职业院校。根据法人属性不同，可以分为独立法人混合所有制职业院校和非独立法人混合所有制职业院校。根据混合所有制办学的层次不同，可以分为混合所有制职业院校、混合所有制二级学院（或混合所有制产业学院）和混合所有制教学基地、实训基地、实践基地等。根据产权融合的程度不同，可以分为产权完全融合的职业教育混合所有制改革、产权部分融合的职业教育混合所有制改革、不涉及产权融合的职业教育混合所有制改革。

产权是所有制经济各方关系的法定外显形式，从狭义的角度可以理解为财产所有权，即财产所有人依法对自己财产的使用、占有、处理、收益的权利。职业教育混合所有制改革的现实条件是不同所有制主体共同投资进行的改革，因此，产权划分成为职业教育混合所有制改革的关键问题。根据产权划分，职业教育混合所有制改革可以分为三类：产权完全融合的职业教育混合所有制改革、产权部分融合的职业教育混合所有制改革、不涉及产权融合的职业教育混合所有制改革。

一、产权完全融合的职业教育混合所有制改革

不同所有制投资主体产权完全融合的混合所有制改革才是真正意义上的职业教育混合所有制改革，是狭义上的职业教育混合所有制改革。具体来看，目前有以下几种模式：

（一）公办院校与社会或个人合作共建混合所有制职业院校

这是一种比较理想化的职业院校混合所有制办学模式，一般是公办院校与社会或个人共同投入资金、场地、设备、人力、技术等有形资产和无形资产，根据现代产权制度、现代企业制度、现代法人制度等规章制度，建立学校内部现代治理体系和治理结构，组建所属层、决策层、执行层、监督层，依照学校章程办学。

（二）政府、事业单位与社会或个人合作共建混合所有制职业院校

这个过程一般与相关事业单位改革相结合，事业单位与社会或个人按照投入资源的数量，参照市场价格或自主协商，将各方投入的资

源折算成"股权"，各方根据股权的大小享受对应的权利和收益，这种模式具有市场化程度高、权责明晰、产权明确、收益共享、风险共担的特点，能够充分调动各参与方的主动性，但存在办学功利化、目标短期化等缺点。

（三）国有资本与社会或个人新建混合所有制职业院校

这种办学模式主要是服务于区域经济发展需求，政府或国有企业融合社会资本新建混合所有制职业院校，这类职业院校可以是独立经营，也可以是国有企业办学，这一模式既能够充分利用政府资源，又具备市场优势，是中等职业教育混合所有制改革可以借鉴的模式之一。

二、产权部分融合的职业教育混合所有制改革

职业院校混合所有制改革是一个极其复杂的过程，其产权的界定、划分、折算、评估也是一个极其复杂的过程。此外，资产的构成也极其复杂，有无形资产和有形资产之分、有动产和不动产之分还有公有资产也非公有资产之分。因此，职业教育混合所有制改革过程中还有仅涉及部分产权进行融合的办学模式。

（一）高职院校的混合所有制"二级学院"

这种模式目前广泛存在，主要是在高等职业院校中，被实践证明了的相对来讲比较有效的混合所有制办学模式。这一模式主要是高等职业院校的二级学院为了优化专业布局，优化人才培养结构，提升人才培养质量，建立自身品牌优势，主动寻求变革，在政策和学校允许的一定范围内，引入社会力量弥补自身的资本缺陷，紧密对接市场需求，共同进行一定范围内的混合所有制改革尝试，建立混合所有制职业院校二级学院。

（二）中外合作共建混合所有制职业院校

这种情况仅限于教育机构之间的合作，随着我国对外开放不断深入，国际化合作办学趋势逐步显现，国内教育机构与国外的教育机构

的合作越来越广泛，职业教育开展混合所有制改革也出现了与国外教育机构合作的模式。这一模式主要有中外教育机构双方共同投资建立具有独立法人的职业院校、国外教育机构与高职院校的二级学院合作建立混合所有制二级学院、国外教育机构投入品牌、管理、技术、知识产权等无形资产依托国内进行学历教育的职业院校建立混合所有制职业院校等形式。这种模式在普通本科教育中也存在。

三、不涉及产权融合的职业教育混合所有制改革

这是从广义上的职业教育混合所有制改革上来说的，因为严格来讲，不涉及产权融合的混合所有制改革不是真正意义上的混合所有制改革。由于职业教育办学实践中确实存在生产要素重组优化和管理经营权的互相转移受让，有"混合"的影子，在事务管理、人才培养、办学运行上具备混合所有制职业院校的某些特性，所以此处将其作为职业教育混合所有制改革的一类。这种模式主要有以下几类：

（一）职业院校与社会资本共同出资共建生产性实训基地

这些生产性公共实训基地可以在职业院校内部也可以在职业院校外部的企业中或社会上，职业院校与社会资本的投资比例根据双方的协议来确定，根据协议开展实训基地的运行和管理，这些实训基地主要用来进行学校学生的生产性实训和企业员工的技能升级培训，具备贴近市场、技术先进、产品直接可以转化成商品等特点。

（二）职业院校与政府共同出资建立生产性公共实训基地、体育场、创业园、图书馆等基础设施

这些设施供职业院校使用的同时也面向社会开放，在改善职业院校办学条件的同时增加公共服务设施，体现政府的公益性，这些设施可以是政府委托职业院校来进行日常管理，也可以是委托社会机构进行日常管理。

（三）公办职业院校以无形资产参与混合所有制办学

这一模式目前主要存在于高等职业教育之中，一般是公办院校投入品牌、影响力等无形资产，社会或个人投入资本、场地、实物等有形资产，在公办院校外成立的面向社会的混合所有制职业院校，公办院校与社会或个人根据协商构建治理体系、管理学校事务并获得经营收益，这种模式能够充分调动社会资本，利用公办院校和社会资本的各自优势，形成发展合力，但是由于公办院校没有实质性投入，所以公办院校的参与积极性不够高，这也造成社会资本的收益可能会受到一定影响。

第二节　职业院校不同层面混合所有制改革的实践案例

以职业院校为主体，从职业院校的视角出发来审视混合所有制改革，可以有职业院校层面的混合所有制改革、职业院校内部学院层面的混合所有制改革和职业院校教学设施层面的混合所有制改革。分别从上述三个层面分析，研究不同层面的混合所有制改革实践案例，可以为我们提供有条理的、详实的、全面的职业院校混合所有制改革景观。

一、职业院校层面的混合

职业院校层面的混合所有制改革又叫"大混合"，是公有资本和非公有资本两种不同性质的资本之间在混合所有制职业院校中的融合。学校按办学主体性质分为公办学校和民办学校，职业院校层面的职业院校混合所有制改革有的是公办职业院校利用国有、集体、民营、个体、外资等企业资本改制为混合所有制职业院校，有的是公办职业院校在政府的协调支持下联合各种所有制性质的社会资本新建混合所有制职业院校，有的是民办职业院校接受公办职业院校、政府或国有资本投资，演变成混合所有制职业院校。根据改革的主体不同，职业院校层面的混合所有制改革主要分为公办民助型和民办公助型。

（一）公办民助型

公办民助型职业教育混合所有制改革是指以公办职业院校为改革主体，通过吸收非公有资本，形成多元的所有制要素格局开展的混合所有制改革。如2000年由海南省教育厅、罗牛山股份有限公司、海南广播电视大学联合创办的海南职业技术学院，就是这一模式的典型代表。为主动适应社会经济发展对高素质技能人才的热切需求、解决政府单一投资办学与加快海南省经济社会发展之间的矛盾，海南职业技术学院进行了职业教育办学体制改革实践。学院成立之初，就明确了"隶属省政府，业务归口省教育厅"的公办性质，由学校、政府、企业三方代表成立学校董事会和监事会，学院借鉴现代企业制度，实行董事会领导下的校长负责制和现代企业管理制度。学院坚持双主体育人、深度合作办学，坚持"面向行业，服务企业，瞄准职业，突出就业"的要求，企业和学院共同建立了适应当地经济发展需求的现代农业、现代制造业、现代服务业和生态旅游业四大专业群，涵盖近40个专业。按照课程设置与产业发展对接、课程内容与行业职业标准对接、实际教学与岗位职业能力对接的要求，企业和学院共同打造精品课程，其中国家级精品课程3门，省精品课程16门，校精品课程44门，核心课程108门，同时建立了与核心课程配套的教学网络平台和虚拟现实平台。学院和企业共同培养师资队伍，学院安排专业骨干教师到企业挂职锻炼，从企业聘请技术专家和管理人员担任授课教师和专业带头人，每个重点专业至少一名学院专业带头人和企业专业带头人。企业和学院合作加强实训教学，合作建立了86个校内外实训基地，其中，国家级实践教学基地1个，省级实践教学基地4个，生产性实训基地6个，校内理实一体化实训室80个。学院坚持办学经费自筹的原则，面对办学环境压力和经费压力，从完善制度、优化机制入手，秉持"精品意识、精准措施、精细管理"的要求来经营学校，从宏观市场的角度审视学院发展的外部环境，制定并不断修订《学校章程》，健全运营规范，建立法人治理结构，设立党委、行政机构、教学指导委员会和学术委员会，构建了党政协作、校长治校、教授治教、民主管理的治理体系。海南职业技术学院通过办学体制改革，政府、企业、行业共同投资办学，有机联合，以政府资本激活民间资本高效发展，解决了职业院校办学经费不足的问题，为社会培养了大批优秀技能型人才。

(二) 民办公助型

民办公助型职业教育混合所有制改革是指以民办职业院校为改革主体，通过吸收公有资本，形成多元的所有制要素格局，开展的混合所有制改革。齐齐哈尔工程学院就是"政府投资，形成学校国有资产；社会捐资，形成学校法人资产；公司融资，形成学校租赁资产"的产权多元化混合所有制学院，是民办公助的典型代表。齐齐哈尔工程学院从 1993 年民办黑龙江东亚大学开始，经过多元的兼并、托管公办职业院校，最终形成了今天的多元产权办学格局。学院在产权明晰的基础上，坚持"产权结构决定法人治理结构"的原则，形成了以决策层和管理层为主要内容的单位法人治理结构，学院坚持"办学民主、治校民主、经济民主"的管理方针，实行董事会领导下的院长负责制，在具体办学运行过程中建立了"四权分立"的现代法人治理结构，即决策、执行、监督、保证"四权"的相互配合、科学制约的现代学校法人治理结构，设立董事会、院务工作委员会、教职工民主管理委员会和中国共产党基层委员会。学院在"四权分立"的现代法人治理结构的基础上，制定《学院章程》和《董事会章程》，明确学院的管理制度、董事的权利责任以及董事会的产生方式和人员构成，建立年度工作报告制度、决策失误追究制度、绩效评价制度和重要信息公开制度，拓宽各方参与学院运行、管理和监督评价的渠道，建立了内外结合、上下衔接的学院监督机制。学院坚持"分类管理、分层考核"的原则，建立部门目标责任制，坚持"横向竞岗无边界、纵向升迁由空间"的原则，实行全员竞聘上岗常态化，建立能上能下、能进能出、能高能低、合理流动的激励机制，实行干部管理"职级分开"、干部收入"职薪分开"、教师工资"评聘分开"和事务员精简兼职制度。学院的上述措施，坚固了各利益相关方的权益，实现了"规范的治理结构、有效的治理机制、相应的治理规则"的有机融合，为学院的跨越式发展打下了坚实的基础。

此外，不太常见的还有公有民营型，即在不改变职业院校的公有属性前提下，将职业院校交由民营企业经营，民营企业在经营过程中投入相应的人员、设备、技术等要素确保职业院校运行顺畅，如江苏信息职业技术学院曾运用这种模式。

从上述类型来看，不管是民办公助型还是公有民营型，公有资本在学校的管理和运行过程中都发挥了关键性作用，公有资本进行学校层面的职业院校混合所有制改革，可以加强公有资本对非公有资本的引导，加强公有资本主体对非公有资本主体的引导，加强政府对民办职业院校办学的监管和引导，

二、职业院校内部学院层面的混合

职业院校内部学院层面的混合所有制改革多为非公有资本参与职业院校二级学院办学，其不具备独立的法人资格。这种形式的混合目前比较多的是公办职业院校与企业建混合所有制二级学院模式，这一模式又称为"小混合"，是目前最为普遍的模式，是职业教育混合所有制改革的主要形式。在职业院校二级学院层面进行混合所有制改革，在学院的统一管理下，在不改变学院性质和法人地位性质的前提下，给予混合所有制二级学院充分的办学自主权，允许混合所有制二级学院自主确定管理体系、人才培养体系、课程设置、教学管理等管理机

构、管理制度、人才培养制度。二级学院与企业根据协议自主成立股东大会、理事会、院务委员会和监事会，自主确定二级学院内部的人员配备、运行模式和管理机制。在职业院校二级学院进行混合所有制改革可以根据各自需求，采取校企共同创办产业学院、二级学院和协同创新中心等不同形式的合作模式。这种模式主要有两种形式。

（一）职业院校二级学院与企业共建企业冠名学院的形式

企业真正参与到二级学院的办学和人才培养过程中，二级学院和企业的办学投入折合成虚拟股份，在签订的协议中或者混合所有制二级学院章程中加以明确。这一模式形成了一大批有较强代表性的案例经验，有一定的借鉴价值和实践意义。如无锡商业职业技术学院会计金融学院与新道科技股份有限公司共建的新道会计金融学院，这种形式可以是企业仅进行网络学习资源和平台、专业软件、培训课程等软件方面的投入，也可以是企业进行生产设备、人员师资、生产资料等硬件方面的投入。再如石家庄职业技术学院和河北新龙科技集团股份有限公司联合创办了石家庄职业技术学院软件学院，该学院成立了理事会，按照企业标准进行办学，取得了良好效果，学院提供场地，公司投资，建立了拥有9个实训室的软件工厂，作为校内综合性实训基地，为学生提供全天候的学习实训场所；校企双方按照"符合岗位需求、注重专业技能、培育职业素养"的培养理念，制定了人才培养方案，通过"课堂与软件工厂融合、学生与企业学徒融合、教师与企业工程师融合、学校文化与企业文化融合"等方式，依托企业一线软件岗位技能标准开发、开设课程，校企合作共开发了21种实训教材、26个实训项目、13种软件实训案例教材。

再如杭州职业技术学院进行的二级学院混合所有制改革。杭州职业技术学院按照"混合共建、委托共管、发展共赢"和"产学研协同发展、投资方共同治理"的原则，整合校、行、企三方资源，由杭州职业技术学院、浙江省特种设备检测研究院、电梯企业共同出资组建杭州职业技术学院特种设备学院二级学院，该二级学院法人属于企业法人，按照《中华人民共和国公司法》有关规定设立和运营，按照《公司章程》约定，由股东会推选成立董事会，实行董事会领导下的总经理负责制。三方共同开发"学训合一"课程体系，建设"市场化特征明显、设备实时更新"的实训基地，建立"身份合一、统一管理"的师资队伍。在此基础上，学院与区域主要企业共建"校企共同体"，按照"人财物融通、产学研一体、师徒生互动"的要求，成立了7个新型二级学院实体，建立"在产学对接上，创新管理共同体领导机制、产学研共同体融合机制、专业共同体建设机制；在工学结合上，创新资源共同体互助机制、文化共同体交融机制；在双师共育上，创新师资共同体互补机制"的运行机制，构建"共同规划、共构组织、共同建设、共同管理、共享成果、共担风险"的治理结构。学院在"规划成长、兴趣为本""能力提升、创新为要""创业发展、实战为上"的办学理念指导下，将创新创业教育融入到人才培养的全过程，组建包含专业技能人才、能工巧匠、大师名师、技术能手在内的专家团队和包含创业先锋、企业领导、专家学者，组成的导师团队，搭建"通识教育、创新实训、专门化教育、创业实践"四大平台①。

（二）校办工厂与企业合作建立企业或二级学院

该模式是职业院校以校办工厂为改革主体，通过与企业合作，建立新的企业或者职业院校二级学院。黑龙江农业经济职业学院创办的牡丹江温春药厂，与重庆绿茵药业集团有限责任公司合作，共同成立了黑龙江绿茵药业有限公司，同时建立了黑龙江农业经济职业学院混合所有制二级学院——绿茵药学院。黑龙江农业经济职业学院以原药厂场地、技术、部分固定资产和师资作为股份，企业投入技能型人才、资金、实训设备、技术进行合作，企业将内部培训体系、行业质量标

---

① 贾文胜. 创新体制机制 探索高职发展"杭州方案"[N]. 中国教育报，2017-3-28(10).

准、生产项目资源引入学校，融合进专业人才培养过程中，校企双方共同建设、共同持有、共同管理二级学院。校企双方共同制定教学、实训、招生、常规等管理制度和教师、师傅、学徒考核办法，共同制订岗位标准、质量标准、课程标准、人才培养标准，共建学院校内外实训基地，成立技能大师工作室。绿茵药学院组建学校和企业共同参与的学院管理委员会和专业建设指导委员会，并明确双方职责。合作企业在新型生产设备和资金上的投入可以用作学院专业教学、实训，也可以用作面向社会的产品生产和检测，实现资源效益的最大化。

（三）职业院校二级学院与企业合作共建企业（教育咨询公司），依托企业开办职业院校

这种模式比较复杂，也比较少见，是职业院校混合所有制改革实践中的"衍生产品"。如广东机电职业技术学院与广州丰田汽车特约维修有限公司的合作就属于这一类型。广东机电职业技术学院的二级学院汽车学院与广州丰田汽车特约维修有限公司按1：1的比例共同出资成立具有独立法人的广州丰机教育咨询有限公司，通过这一公司平台创办混合所有制职业院校——南方汽车学院。学生在广东机电职业技术学院开展课程学习，在广州丰田汽车特约维修有限公司场地开展实训和定岗实习，学校和企业课程学习交替进行。此外，还有贵阳磷煤化工学院、杭州嘉善学院、天津天汽模具学院、渤海船舶职业学院、江西建设职业技术学院装饰学院、襄樊职业技术学院海天建筑工程学院、陕西职业技术学院鼎利学院等都是这种类型。

从上述实践案例来看，改模式主要集中在高职院校，企业参与职业教育办学的积极性已经被调动起来，只在高职院校的二级学院进行混合所有制改革，可以在保持高职院校原来单位性质不变和法人地位、属性不变的前提下，合理引入企业资本、技术、知识、管理等要素参与学校办学，引入市场竞争机制和现代企业制度、现代管理制度，校企双方从容地根据实际办学需求来进行深入合作，建立了校企长期、

有效合作的体制机制。

三、职业院校教学设施层面的混合

职业院校教学设施层面的混合所有制改革与前两类改革相比，最为微观，涉及的要素更少，改革也最不彻底，勉强能够叫作混合所有制改革。该模式只是在职业院校内某一教学设施的建设过程中引入社会资本，缓解职业院校办学经费不足的问题。

（一）职业院校二级学院与企业共建生产实训基地

二级学院与企业共建生产实训基地或者二级学院提供场地，企业投入全套生产设备建设"校中厂""校中店"，以生产性实训基地的建设为纽带，增进职业院校与企业的合作，共同培养高水平技能型人才。如，长春一汽集团投资3000多万元与长春职业技术学院合作共建"校中厂"，深圳爱迪尔珠宝股份有限公司与无锡商业职业技术学院合作共建"校中店"。共建校外生产性实训基地的，有石家庄职业技术学院与相关企业建立的正定软件与服务产业基地、大连软件与服务外包人才实训基地。

（二）职业院校二级学院与企业、行业、科研院所等单位共建校企协同创新中心

校企协同创新中心是近几年来新出现的集教学、实训、科研、服务于一体的职业教育办学实体，能够综合各方面力量，发挥各方效能，达到共同发展、各取所需的目的。石家庄职业技术学院联合河北炫坤节能科技股份有限公司、华南理工大学、清华大学建筑设计研究院、河北省建筑协会等单位共同建立的石家庄职业技术学院智能建造协同创新中心就是这一类型。协同创新中心采取协同管理的方式，由各参与方共同组成中心管理委员会，决定中心运行的重大事项，实行管理委员会指导下的中心主任负责制，中心主任全面负责中心的运行和管理，加强企业技能专家资源库建设，建立专业咨询机制，实行企业技

能人才和学院专业教师双向流动制度，各参与方共同制订实训标准，促进实训基地高水平发展。中心的实训项目由合作企业负责提供，以企业真实项目为蓝本，注重产业链的条理性和完整性，在实训项目完成的过程中，职业专业技术人员和学院专业教师承担技术指导和项目负责人的角色，安排学生实训任务、指导学生实施操作、验收学生任务成果，同时成立项目攻关团队，学生作为准员工参与，按照企业实际标准和真实的工作流程、工作环境，调动学生积极性，帮助学生完成角色转换。

第三节　职业院校混合所有制改革的典型模式

在目前我国职业院校混合所有制改革办学实践中，涌现了众多的改革形式，笔者从现有改革形式中选取一部分典型模式，以供参考借鉴。

一、政校企合作模式

该模式是由当地政府教育行政部门牵头，以某一区域为服务对象，联合区域内职业院校和龙头企业共同成立混合所有制职业院校，苏州工业园区职业技术学院就是这种类型。1997 年，在时任新加坡总理吴作栋的提议下，为了满足苏州工业园区内外资企业对高水平专业技能人才的需求，苏州工业园区职业技术学院应运而生，该学院成立了由当地教育行政部门、园区内外资企业、国内相关高校所组成的董事会，实行"董事会领导下的院长负责制"，建立起了股份制现代产权结构和现代法人治理结构，通过当地教育行政部门政策支持、企业投入资本、高校提供师资等方式，实现了资源共享、优势互补，运行机制更加顺畅，办学活力得到了极大提升，来自多个国家企业的高级管理人员担任董事会董事，将各自的先进管理理念、多年的企业运行经验以及企业员工的专业技能标准融入到学院的专业建设、课程体系建设、实训基地建设、教学内容构建、教学模式改革、教师培养等各个环节，形成了"企业＋学院"的校企双主体育人模式，为园区企业提供了大量的符合企业实际需要的高技能人才。

二、创建混合所有制公司模式

该模式是职业院校与企业共同出资成立商业培训公司，以合资培训公司为载体，进行育人培训。浙江交通职业技术学院精选实力雄厚的企业，联手山东太古飞机工程有限公司联合建立合资公司，根据教学和行业资质要求，校企共同出资建立飞机维修实训基地。鉴于公办职业院校不能直接进行投资经营的要求，学院首先注册成立了资产经营公司，经相关政府部门同意后，将实训设备等办学资源转入资产经营公司，再由资产经营公司于山东太古飞机工程有限公司按照 45% 和 55% 的股权比例，注册成立浙江山太航空技术服务有限公司，以此为主题，开展具体的教育培训业务。校属资产经营公司投入实训设备，山东太古飞机工程有限公司投入实训设备和运作资金，双方投入实训设备的价值通过第三方专业资产评估公司的评估认定，双方的品牌、技术、人力不计入合资投入。制定《公司章程》，建立扁平化组织运行机构，实行董事会领导下的总经理负责制，股东大会与董事会之间是委托代理关系，董事会负责制定发展目标和发展战略、选聘总经理等事宜，并向股东大会负责，总经理负责选聘中层部门负责人和具体的公司运营事务，并向董事会负责。公司采取学院主导、出资公司支撑、办学资源共享的运营模式，学校根据市场需求，确定学生招生规模、培养计划、文化课教学、常规管理等，出资公司主要满足专业课教师和实训设备需求，校企共同开发管理制度、课程纲要、教材题库等，将职业资格证考试内容融入课程体系，共同构建"课证融通"课程，实行"学历＋技能＋执照"的人才培养模式。

三、多类型职业院校混合模式

该模式相对来讲比较复杂，涉及的各类投资主体也更多，组建起来也更加灵活。如永嘉学院是在公办的永嘉电大、永嘉社区学院和永嘉二职三个学校基础上组建的办学实体，与上海翔宇实业投资集团有限公司合作改制成混合所有制职业院校。将永嘉电大改为民办性质，永嘉二职公办性质不变，由永嘉电大委托管理，永嘉社区学院的运行纳入新永嘉电大统一管理，对外称永嘉学院，用一套领导班子管理。改制后，原永嘉县电大的国有性质校产仍然保持国有性质，经评估后登记到当地教育行政部门名下且不得用于抵押融资，然后交由上海翔宇实业投资集团有限公司租赁、管理使用，在合作协议中明确规定使用年限。上海翔宇实业投资集团有限公司对学院的土地、设备、校舍、仪器等国有资产拥有使用权，但没有享有权和处置权，原永嘉电大办学硬件优先满足永嘉二职的教育教学需求。政府根据民办教育相关政策法规，在财政政策、税收优惠、购买服务、综合保障等方面给予改制后的永嘉学院大力支持，政府每年划拨 300 万元人民币作为专款给上海翔宇实业投资集团有限公司用作永嘉二职的托管费用。永嘉学院实行董事会领导下的院长负责制，依据现代学校管理制度，教职工采用聘任制，逐步从"身份管理"向"岗位管理"转换，原永嘉电大的公办在编教师事业单位身份不变，编制划入永嘉社区学院，且职称待遇予以保留，后期职称晋升按新的学院岗位管理规定执行，工资待遇由政府财政保障，工作由永嘉县教育局统一安排，允许教师在资源的情况下双向流动，多劳多得。学院按照"政府投资、专家办学、行业监管、中介评价"的原则，建立办学效益第三方评价体系，委托第三方机构对办学效益进行评价，评估结果作为县政府奖励的依据，若评估不合格，县政府有权视情况终止委托管理，并有权动用受托方提前缴纳的办学保证金弥补损失，相应的经济责任由上海翔宇实业投资集团有限公司承担，如造成国有资产流失或其他经济损失，上海翔宇实业投资集团有限公司还应承担相应的法律责任和经济责任。学院构建了多方参与的治理结构，永嘉学院董事会由学院领导、上海翔宇实业投资集团有限公司相关负责人、政府相关人员、本地龙头企业代表、教职工代表组成，保证众多利益相关方都能够参与到学校的治理当中。

四、跨国合作模式

跨国合作开办混合所有制职业院校是目前刚刚出现的一种职业院校混合所有制改革模式，在我国"一带一路"倡议下，大批职业院校与企业走出国门，服务国家战略、服务当地经济社会发展。

（一）职业院校与国内企业合作在国外组建混合所有制职业院校

无锡商业职业技术学院与红豆集团合作在柬埔寨开办的柬埔寨西哈努克港工商学院，开创了公办职业院校与民营企业运用股份制模式在海外进行混合所有制改革的先例，学院既提供学历教育和技能教育，又提供企业服务、社会培训和文化交流服务，培养了一大批高素质港区技能型人才，为西哈努克港地区社会经济的发展做出了重要贡献。

（二）职业院校走出国门与国外企业合作建立混合所有制学院

目前开展的是国内职业院校与国外教育机构合作建立混合所有制学院，如无锡商业职业技术学院与美国明尼苏达州 Riverland 社区学院开展的市场营销专业合作项目。

（三）国内院校与境外资本合作成立混合所有制职业院校

南通航运职业技术学院与境外资金合作建立的中新（南通）国际海事培训中心就属于这一类型，中新（南通）国际海事培训中心由南通航运职业技术学院、新加坡森海海事服务有限公司、新加坡海员联合会三方共同出资、注册建立。中心按照股份制思路筹建，按照企业化模式运营，建立股东大会、董事会、监事会等管理机构，在原独立法人的管理基础上，实行董事负责制，给予执行董事在问题处理上的充分自主权和高度决策权，执行董事由新加坡原海军舰长担任，实行共商工作例会制度，建立校企联动机制，简化运行流程，提高运行效率。中心采取"旋转门"用人机制，积极引进具有轮机长、船长背景的外籍海事培训师和国际航海课程、先进教学模式及教学方法，实行师资和资源的共享互聘和交流互动，打造国际化海事师资培养基地。与拥有一级船员外派资质的企业合作，签订培养协议，利用新加坡海员联合会在地区的行业影响力，积极与国内外海运企业合作，在学生完成学历教育、获得船员资格后，给予学生境外实习、交流、就业的机会。新加坡森海海事服务有限公司以少量的资金投入换取了学院丰富的教学资源的使用权，把中新（南通）国际海事培训中心作为自己的企业大学，不仅节省了大量的企业培训任务和培训成本，还增强了企业的创造力和竞争力。此外，还有国内企业联合国内职业院校或国外当地职业院校建立混合所有制学院。

第四节　中等职业教育混合所有制改革面临的办学困境

一、办学主体过于单一，其他利益相关方参与改革积极性不高

目前我国职业教育仍然是以政府办学为主的办学格局。职业教育是培养生产一线的技术技能人才的教育，在职业教育办学过程中，政府、企业、行业等都要发挥主体作用。但从目前来看，在职业教育办学过程中，仍然存在政府"管得过多、统得过死"，而企业、行业"缺位、失位"的现象，企业、行业参与职业教育办学不断弱化，一方面企业、行业主动参与职业教育的积极性不高，另一方面企业通过改制改革把原本已经举办的职业院校剥离出去，这就造成了职业教育人才培养的结构性失衡，一方面培养出来的技术技能人才找不到就业岗位，另一方面企业却存在大量的技术技能人才缺口。

二、管理模式过于单一，办学资源的统筹利用率不高

办学主体的过于单一，且办学主体拥有过多的权利和资源，就会导致职业教育办学管理模式过于单一，其他相关方的管理权限得不到保障，企业和行业在职业教育办学过程中的话语权和决策权缺失。目前这种以政府为主的相对集中的职业教育办学管理模式主要表现在三个方面：一是职业院校一般都是由政府相关部门直接管理；二是职业院校的管理人员一般都是由政府部门任命，校务委员会、学校董事会等管理机构一般都是由学校人员组成；三是职业院校的办学活动、人才培养活动、教学活动一般都是主要由学校来完成。企业和行业在职业教育办学过程中的话语权和决策权缺失自然会导致其在职业教育办学过程中缺乏存在感，其自身的各种资源自然就不会投入到职业教育办学之中，政府纵然有行政权力，也不能强制使用企业行业的各种办学资源，政府纵然掌握了较多的资源，但也不具备企业行业自身的优势办学资源。这就导致职业院校在办学过程中只能利用政府提供的相关办学资源，能利用到的其他方面的资源非常有限。事实上，企业拥有与市场紧密对接的生产技术和设施装备，拥有熟练的高技能技术人员，拥有能够供职业院校毕业生就业的工作岗位，行业拥有整个行业的用工信息和用工标准，拥有整个行业的发展信息，这些都是职业教育办学过程中不可或缺的资源，此外，企业还可以为职业院校教师提供生产实践锻炼场所，可以为学生提供实训、实习场所，为学校提供实践教学场所。充分利用企业行业资源，统筹利用各方资源，可以有效提升职业教育办学效益，提升职业教育人才培养质量，促进职业教育健康发展。

三、功能定位过于模糊，人才培养方式不够丰富

职业教育从级别上被分成了高等职业教育、中等职业教育和初等职业教育，从类型上被分成了教育部门办的职业高中、人社部门办的

技工学校、各行业自己的职业学校等，此外还有众多的民办职业学校。这就导致了职业教育内部管理上的结构混乱，不同的职业院校归口于不同的政府部门管理，相应的办学愿景和功能定位也不尽相同，处于"各自为政"的混乱局面。仅以高等职业教育为例，其功能定位一直不够明确，是"高等教育"还是"职业教育"的问题一直是各界长期争论的焦点。1999 年颁布的《中共中央国务院关于深化教育改革，全面推进素质教育的决定》中明确了"高等职业教育是高等教育的组成部分"，明确了高等职业教育属于高等教育，出于发展经济的考虑，中央要求大力发展高等职业教育，到 2004 年，高等职业教育的各项指标与本科高等院校已基本持平，占据了高等教育的"半壁江山"，面对这种情况，2006 年教育部发文明确"高等职业教育属于我国高等教育的一个新类型"，也就是承认了高等职业教育的职业教育属性，面对体量如此庞大、占据高等教育"半壁江山"的高等职业教育，被紧紧限定在了专科一个层次，自 1999 年国家"三改一补"以来，高等职业教育一直是按专科的层次来设计的，而且"原则上不得升本"，这就使高等职业教育又回归到了高等教育的范畴，而且是较低层次的高等教育，高等职业教育是"高等教育"还是"职业教育"的问题还是没有得到解决，其功能自然无法得到明确的定位。虽然职业教育的级别、类型如此混乱，但是各级各类职业教育的人才培养方式却比较单一、办学模式比较传统，仍然是以院校培养为主的人才培养方式，办学主体仍然是以政府为主是其主要原因，此外，政府办学带来的另一个弊端——改革动力不足也是主要原因之一。

第四部分
中等职业教育混合所有制改革的
基本问题及路径

第五章　中等职业教育混合所有制改革的基本问题

在探讨中等职业教育混合所有制改革路径之前，需要明确中等职业教育混合所有制改革的一些基本问题，明确中等职业教育混合所有制改革的内涵及特征，深刻认识中等职业教育混合所有制改革的意义和需求，深入分析中等职业教育混合所有制改革面临的困境和障碍，梳理中等职业教育混合所有制改革的政策环境，分析中等职业教育混合所有制改革的各个利益相关者，通过明确上述基本问题，为探索中等职业教育混合所有制改革路径提供参考。

第一节　中等职业教育混合所有制改革的内涵及特征

一、中等职业教育混合所有制改革的内涵

混合所有制经济的内涵可以从广义和狭义两个角度来界定。广义上的混合所有制经济是指在整个社会经济中，体现在所有制经济结构上的多种不同所有制经济在时间、空间中的并存状态；狭义上的混合

所有制经济是指在整个社会企业中的多种不同所有制经济类型在组织（或企业）中的并存状态，是基于现代产权制度的混合所有制企业的总和。中等职业教育混合所有制改革是在中等职业学校内部进行的混合所有制改革，属于狭义上的混合所有制经济范畴。中等职业教育混合所有制是指在中等职业教育中的多种不同所有制经济类型在中等职业学校中的并存状态，在中等职业学校中既有公有制经济的影子，又有非公有制经济的影子，既存在公有资本，又存在非公有资本。中等职业教育混合所有制改革就是在中等职业学校中，在现代产权制度和现代企业制度的基础上，引入不同性质的所有制经济，形成多种所有制经济共同存在、互相配合、共同发展的发展态势，以达到实现校企双主体办学、激发中等职业教育活力、促进中等职业教育发展的目的。

二、中等职业教育混合所有制改革的特征

（一）所有制经济形态的多样化

从中等职业教育混合所有制改革的内涵可以看出，在中等职业学校内部多种所有制经济形态并存是中等职业教育混合所有制改革的根本特征。公办中等职业教育主要是公有制经济形态，资产全部是国有资产，办学经费完全来自政府的财政性投入，公办中等职业教育进行混合所有制改革以后，引入了民营经济、个体经济、外资经济等非公有制经济形态，形成了多种所有制经济形态并存的格局。非公办中等职业学校主要以非公有制经济形态为主，学校资产大部分是私有财产，办学经费来自于私人企业或非公有团体资助，非公办中等职业学校引入公有经济或其他非公有经济进行混合所有制改革，也同样形成了多种所有制经济形态并存的格局。因此，所有制经济形态并存且呈现多样化是中等职业教育混合所有制改革的基本特征。

（二）产权结构的多元化

中等职业学校通过混合所有制改革实现了多种所有制经济形态并

存的格局，由于不同所有制经济形态的性质和管理要求不同，加之社会团体和个人的逐利本性，就需要明确各种所有制经济的产权归属，将不同性质的所有制经济形态转化为相同性质的产权归属。在相同性质的产权归属背后，是多样化的产权结构，产权所有者身份性质有公有制所有者和非公有制所有者之分，产权投资主体有国有资本、集体资本、民营资本、个体资本和国外资本之分，产权投入方式有固定资本、流动资本、知识资本、技术资本、人力资本之分，投入形式有直接出资、转换股权、抵物折价、购买服务之分。因此，混合所有制中等职业学校的产权结构必然是多元化的。

（三）利益诉求的多极化

公有制经济和非公有制经济之间在相同的逐利性质基础上，体现的是不同的逐利目的，公有制经济逐利的目的是为了国民经济的健康良好发展和祖国的繁荣稳定，非公有制经济逐利的目的是为了满足非公有制企业所有者对经济效益的追求。中等职业教育混合所有制改革各投资主体中，公有背景的投资主体追求的是社会公共利益和公有资产的保值、增值，非公有背景的投资主体追求的是纯粹的经济利润。混合所有制中等职业学校多种所有制经济形态并存、复杂的产权结构共生的特点，决定了混合所有制中等职业学校各投资主体的利益诉求的不同。公办背景的中等职业学校进行混合所有制改革的主要目的是为了提高学校办学水平和办学能力、更好地培养适应社会发展的高水平技术工人、促进学校的健康长远发展，政府参与中等职业教育混合所有制改革的主要目的是为了提高大众对中等职业教育的满意度、为社会经济发展做出贡献，企业参与中等职业学校混合所有制改革的主要目的是为了获得企业所需的各类技术人才、获得更高的投资收入比、促进企业的健康发展，行业协会参与中等职业教育混合所有制改革的主要目的是为了将行业标准落到实处、促进行业的健康发展。

三、中等职业教育混合所有制改革的根本属性

（一）混合所有制中等职业学校的公共性

混合所有制中等职业学校的投资主体虽然有非公有企业，其产权构成也有非公有资产，具有典型的民办非企业性质，与民办中等职业学校有一定共性，但是只要有公有经济、国有资本参与的中等职业学校，就与民办中等职业学校存在本质区别。公有资本参与中等职业教育混合所有制改革就决定了混合所有制中等职业学校的公共属性，体现公共性是公有资本的根本任务，混合所有制中等职业学校为社会公众提供公共产品、满足社会公众的需求，在消费属性上具备非竞争性，在受益属性上具备非排他性，这本身就体现了公共属性，同时，混合所有制中等职业学校的基本性质和根本定位是教育机构，而教育机构本身也具有较强的公共属性。混合所有制中等职业学校的公共属性主要体现在为社会公众提供职业技能教育、减少失业人员数量、提高社会就业率、为国民经济发展提供人力资源支持、普及中等教育、提高国民素质等。

（二）混合所有制中等职业学校的教育性

混合所有制中等职业学校虽然在投资主体、产权结构、资金来源、治理结构上与传统的中等职业学校有着本质的区别，但是，其在社会职能上仍然属于教育机构，在社会定位上仍然是教育组织，混合所有制中等职业学校的办学目的仍然是育人。培养技能型人才是混合所有制中等职业学校的首要目标，虽然混合所有制中等职业学校的类型多种多样，有公办民助型、公有民营型、民办公助型、跨国合作办学型、政校企合作型等，但不管哪一种模式，最终的改革目的都是培养技能型人才，可以说，培养技能型人才是混合所有制中等职业学校最终办学目的和归宿，是其存在价值的最直接的体现。对学生进行职业精神和职业能力教育是混合所有制中等职业学校的主要任务，虽然混合所有制中等职业学校的投资主体性质不同、来源多样，而且有各自的参

与目的和利益诉求，但是各投资主体参与中等职业教育混合所有制改革的主要目的还是对高水平技能人才的需求，因此，培养学生的职业精神和职业能力是混合所有制中等职业学校各投资主体的主要任务。

（三）混合所有制中等职业学校的经济性

这里说的"经济"是指广义上的"经济"，既包括资本、资产、收益等显性经济要素，又包括人力资源、科学技术、管理等隐性经济要素。混合所有制中等职业学校不管是公有制投资主体还是非公有制投资主体，其主要目的都是追求自身利益的满足，有的非公有制投资主体追求资本和资产，有的非公有制投资主体追求人力资本和技术，公有制投资主体追求公益性目标，这些都可以说明混合所有制中等职业学校的投资主体具有经济属性。正是由于混合所有制中等职业学校的投资主体具有经济属性，才导致了混合所有制中等职业学校的运行也具有较强的经济属性，混合所有制中等职业学校在办学过程中，在兼顾教育性和公共性的同时，还最大限度地追求办学效率、办学效益，最大限度地提升资源有效配置率和利用率。混合所有制中等职业学校的经济性主要体现在办学贴近市场需求、办学追求效率效益、满足各类投资主体的利益诉求等。

第二节　中等职业教育混合所有制改革的意义及需求

一、中等职业教育混合所有制改革的意义

中等职业教育进行混合所有制改革，对于目前我国的中等职业教育发展具有重要的现实意义。

（一）充分利用社会资金，增加自身办学经费

一段时期以来，办学经费不足成为制约中等职业教育发展的重要因素，我国教育体制改革之后，初、中等层次的职业教育办学管理权

下放到了市、县两级，以地市级政府办学为主，虽然中等职业教育的办学经费随着地方经济的发展有了一定程度上的提高，但是整体来看，仍然不够充足，不能满足中等职业教育发展的需要。《2017 年全国教育经费统计快报》公布的数据显示，全国普通高中生均经费达到 18 575 元，比前一年增长 10.7%，而中等职业学校生均经费为 18 364 元，仅比前一年增长 8.11%。中等职业教育通过混合所有制改革，通过产权的多元化引入社会资金，利用社会资金弥补自身办学经费缺口，促进了学校办学经费的多元化，对于中等职业教育发展增加了动力。

（二）提高资源利用率，提升办学活力

混合所有制中等职业学校最大的特点就是产权明晰，让参与中等职业教育混合所有制改革的不同性质办学主体都获得产权，是混合所有制中等职业学校资源高效配置的根本保证。激励产权主体是产权拥有的重要功能，中等职业教育混合所有制改革的各方参与者在改革过程中，拥有了属于自己的产权，就产生了"主人翁意识"，在获得相对稳定的回报和固定收益的同时，提高了他们参与改革的热情，各产权主体会在现有条件下尽可能地合理配置现有资源，提高混合所有制中等职业学校的资源利用率。通过混合所有制改革，引入非公有资本，在非公有资本逐利属性的带动下，中等职业学校的办学活力会被点燃，在办学活力的带动下，学校各方面资源的使用必然更加有效。

（三）增加办学效益，提升育人水平

经过几十年的发展，我国中等职业教育为我国社会经济发展提供了大量技能型劳动人才，为我国社会主义事业发展做出了突出贡献，但是中等职业教育自身的根本问题一直没有得到解决，技能型劳动人才与社会岗位需求之间的匹配度一直不高。在经济领域，财产的所有权和使用权是两个不同的概念，在中等职业教育混合所有制改革过程中，明确公有资本和非公有资本的所有权边界是混合所有制中等职业学校办学效益提升的前提，明确公有资本和非公有资本的控制权和使用权是混合所有制中等职业学校办学效益提升的关键。混合所有制改革，创新了中等职业教育的办学体制和办学模式，打破了各种资源合理流动的体制障碍，有效地整合了学校资源和社会资源，优化了资源配置、提高了资源利用率，实现了公有资本稳定性和非公有资本灵活性的结合，实现了资源共享和利益共享，降低了办学耗损和办学成本，进一步提高了中等职业学校的办学效益，进一步加强了产教融合和校企合作，进一步提高了中等职业学校的人才培养质量。

（四）有效利用社会资本，放大国有资本效能

由于社会资本过于分散、资源的统筹范围过小，加之社会资本所有者缺乏长远的战略性思维、发展视野有限，所以社会资本的发展带有一定盲目性，社会资本的有效利用率不高。社会资本参与中等职业学校混合所有制改革，社会资本注入中等职业学校，与国有资本混合共同发展，在国有资本较大的资源统筹范围和长远发展规划的引领下，社会资本的有效利用率会得到极大的提升，社会资本所能够发挥的效用要远大于其他闲散社会资本。同时，社会资本注入中等职业学校后，原本有限的国有资本可以带领大量的社会资本有效发展，这就放大了国有资本的有效性，提升了国有资本的效能。

二、中等职业教育混合所有制改革的需求

（一）产业转型升级、促进经济发展的现实需求

1992 年党的"十四大"在报告中首次创造性地提出了"不同经济成分还可以自愿实行多种形式的联合经营"，1993 年党的十四届三中全会，通过的《关于建立社会主义市场经济体制若干问题的决定》指出"随着产权的流动和重组，财产混合所有的经济单位越来越多"，1997年召开的党的"十五"大，在报告中首次提出了"混合所有制经济"的概念，我国正式着手发展混合所有制经济。随着我国所有制经济的发展，所有制经济结构不断优化，国有企业、公有资产得以盘活，显

示出了更多地发展活力，有力支撑了我国社会主义事业的发展。在我国混合所有制经济不断发展、混合所有制改革逐步深入的条件下，混合所有制改革延伸到职业教育领域。进入 21 世纪以来，我国社会主义基本经济制度的优势越发明显，我国进入新时代后，这一优势进一步放大，我国经济发展方式也发生了相应变化，由高速发展转变为高质量发展，产业转型升级成为了我国经济转型发展的主要任务。产业转型升级的本质是全球科技发展和经济发展方式转变带来的国内产业发展的相应调整和适应，产业转型升级的核心是生产技术的升级和生产方式的更新，以及由此带来的先进生产设备和生产工具的广泛运用和科学技术知识的创新研发和推广普及。职业教育积极参与科学技术知识的创新研发和推广普及中，而中等职业教育是整个职业教育体系的基础，地位显得更加重要。因此，经济发展、产业转型升级必然要求企业与学校、产业与教育的深度融合，中等职业教育混合所有制改革就是满足企业与学校、产业与教育的深度融合，促进经济发展、产业转型升级的重要方式。

（二）贯彻中央精神、落实中央决策的政治需要

1999 年党的十五届四中全会，通过的《中共中央关于国有企业改革和发展若干重大大问题的决定》中要求，"国有大中型企业尤其是优势企业，宜于实行股份制的，要通过规范上市、中外合资和企业互相参股等形式，改为股份制企业，发展混合所有制经济"。2002 年党的"十六大"报告中指出"除极少数必须由国家独资经营的企业外，积极推行股份制，发展混合所有制经济"。2003 年党的十六届三中全会，通过的《中共中央关于完善社会主义市场经济体制若干问题的决定》中，要求"进一步增强公有制经济的活力，大力发展国有资本、集体资本和非公有资本等参股的混合所有制经济"。2007 年党的"十七大"报告中要求"以现代产权制度为基础，发展混合所有制经济"。2013 年党的十八届三中全会，通过的《中共中央关于全面深化改革若干重大问题

的决定》要求"积极发展混合所有制""国有资本、集体资本、非公有资本等交叉持股、相互融合的混合所有制经济，是基本经济制度的重要实现形式"，首次把混合所有制上升到"社会主义基本经济制度实现形式"的高度。为贯彻落实中央精神，2014年国务院发布《关于加快发展职业教育的决定》和教育部等六部门发布的《现代职业教育体系建设规划（2014—2020年）》均要求"探索发展股份制、混合所有制职业院校"。职业教育改革政策紧跟中央精神要求，职业教育改革与经济体制改革几乎同步，中等职业教育亦是如此，因此，中等职业教育混合所有制改革是职业教育领域贯彻中央精神、落实中央决策的重要手段。

（三）职业教育内涵发展、构建职业教育现代治理体系的内在需求

改革开放以来，我国经济发展取得了举世瞩目的历史性成就，这一时期也是我国职业教育快速发展的时期，我国高等职业学校在校生数由原来的40万人左右增加到2018年的1133.7万人，是原来的28倍多，中等职业学校在校生数由原来的200万人左右提高到2018年的1551.84万人，接近原来8倍。中等职业教育的快速发展满足了国民经济发展的人才需求，直接促进了国民经济的飞速发展，但是随着社会经济的发展，我国社会经济发展的战略思想和大环境发生了变化，中等职业教育需要做出相应的变革和调整。职业教育内涵式发展需要校企深度融合，需要职业教育与企业深度合作育人，以往的职业教育发展模式，公有制职业学校与非公有制企业之间泾渭分明，产业经济与职业教育互有隔阂，阻碍了职业学校与企业之间的深度融合。职业教育内涵式发展也需要构建多元的职业教育现代治理体系，因此，进行中等职业教育混合所有制改革，构建职业教育现代治理体系、促进校企深度合作、深化职业教育内涵式发展势在必行。

（四）发挥企业作用、深化产教融合的客观要求

中等职业教育具有极强的实际操作性，学生的实际技能操作需要在企业中完成，企业在中等职业教育办学过程中必不可少。我国制造业强国的发展历程和技能型人才成长的成长历程充分证明，技术工人劳动技能水平的提升仅仅依靠中等职业教育是远远不够的，必须要有企业的深度参与，职业教育才能源源不断培养出高水平技术技能人才。但是就目前而言，由于历史原因和体制机制方面的障碍，公办性质的中等职业学校始终无法与民办性质的企业进行更加深入的合作，企业在中等职业教育育人过程中的主体地位一直没有得到体现。开展中等职业教育混合所有制改革，允许非公有的企业资本入股公有资本为主体的中等职业学校并直接参与中等职业学校的管理和办学，可以充分发挥企业在中等职业学校办学育人过程中的主体地位。开展中等职业教育混合所有制改革，可以建立学校和企业的利益共同体，形成学校和企业深度融合的利益捆绑格局，充分调动企业融入中等职业学校办学的积极性，可以在中等职业学校办学过程中赋予企业充分的决策权和话语权，让企业参与学校治理，构建中等职业教育现代治理体系，提升学校的市场化程度和办学水平。因此，中等职业教育混合所有制改革充分发挥企业主体作用、深化产教融合的客观要求。

第三节 中等职业教育混合所有制改革面临的困境

不可否认，目前中等职业教育进行混合所有制改革还存在诸多困难和挑战。据调研显示，困扰混合所有制职业院校办学的众多因素中，占比最高的是缺乏合理的顶层设计，占 61.2%，其次是产权模糊，占 53%，其余依次是资源配置不合理，占 48%，治理结构不合理，占 33.5%，系统保障有问题，占 32.4%，运作机制不合理，占 28.7%。（调

研问卷为多选）这些因素主要集中在思想认识、理论研究、法律政策、治理、运行、实践等层面。

一、认识层面

（一）社会思想观念没有转变或者转变不够及时

从根本上讲，中等职业教育混合所有制改革是中等职业教育办学机制的重大改革，是中等职业学校打破"公办学校""民办学校"界限，探索第三条路的发展路径。时至今日，人们的观念中仍然认为中等职业学校除了民办学校就是公办学校，认为中等职业学校"非公即民"。虽然目前我国上到政策层面下到办学实践层面都开展了混合所有制改革，但是仍然有人会产生职业院校混合所有制改革是否行得通、是否有存在的必要、混合所有制职业院校是否是"真命题"等疑虑。

（二）参与各方动力不足、参与中等职业教育混合所有制改革的意愿低

非公有社会资本进入中等职业学校虽然可以缓解政府财政压力、充实学校办学经费、改善学校办学条件，但是各参与方仍然显得"顾虑重重"，政府担心国有资产监管责任、政策措施冲突、不同性质参与方任务协调等问题；企业或个人担心自身投入资本、获得利润、法律权益等方面得不到保障；中等职业学校教职员工有一种"体制内"的优越感，担心新的管理机制会触及到自身原有利益，担心改革会丧失原有的"编制"成为合同制聘用人员，改革带来的行政级别、工资待遇、福利政策、工作机制等方面的不确定性大大增加。同时中等职业学校对民营企业、社会资本存在一定程度上的偏见，担心国有资产的流失以及随之而来的责任追究。

二、理论研究层面

（一）混合所有制职业院校的界定和认识不够清晰，内涵不明确

职业教育混合所有制改革是新生事物，其实践探索也只是个别职业院校的自身行为。目前，学术界还没有对职业教育混合所有制改革基本问题形成统一认识。职业院校进行混合所有制改革主要是为了应对当前职业教育发展的主要问题，改变目前职业教育发展的不利状况，既然改革可能成功也可能失败，那么职业教育混合所有制改革可能成功也可能失败，所以为了降低改革失败的风险，我们就需要对职业教育混合所有制改革的内涵、特征、本质等基本问题进行理论研究，需要对职业教育混合所有制改革的实践进行提炼总结，需要对职业教育混合所有制改革面临的问题和应然的路径进行思考研究，需要对职业教育混合所有制改革的质量标准进行进一步的明确，而目前上述理论研究还没有取得普适性的、高水平的理论成果。

（二）目前学术界对职业教育混合所有制改革存在一定偏见和误解

学术界对职业教育混合所有制改革存在的偏见和误解直接影响了我国职业教育混合所有制改革的理论研究。当前部分学者认为职业教育混合所有制改革"纯粹的公办活不起来，纯粹的民办大不起来"，对职业教育混合所有制改革的前景不太看好，强调职业教育混合所有制改革是在社会主义市场经济环境中的公办职业院校为了应对市场经济发展而做出的被动适应，这一观点强调职业教育与市场经济的密切关系，市场经济的发展会对职业教育发展产生影响，看似有一定道理，但是该观点只关注了职业教育发展的外部环境因素而没有关注职业教育发展的内部动因和问题本质，而且该观点还是采用"公立""私立"二元对立的形而上思维，带有一定的片面性和绝对性。还有一种观点认为"职业教育混合所有制改革是市场经济发展的必然结果，事实上这混淆了我国基本所有制与市场经济体制之间的联系与区别"，混合所

有制经济是我国公有制为主体多种所有制经济并存的基本经济制度进一步发展的必然结果，不是市场经济的必然选择而是市场经济本身就包含着混合所有制经济，混合所有制改革必然会从经济领域延伸到其他社会领域。

三、法律政策层面

（一）现行相关法律条文严重滞后

依法治教是中等职业教育健康发展的基本要求，健全的法律体系是中等职业教育混合所有制改革的根本保障。职业教育混合所有制改革是一项高度复杂、涉及面广的工作，健全完善的法律制度体系是职业教育混合所有制改革的重要保障，职业教育混合所有制改革需要健全的法律体系来支持和规范，以做到有法可依、有章可循，从而避免各种风险。由于法律政策的相对稳定性，不会随着社会实践的发展而"朝令夕改"，因此，法律政策相对于社会发展有严重的滞后性，我国现行的教育法律政策基本都是特定历史条件下的产物，对于新生的职业院校混合所有制改革会不可避免地产生阻碍和束缚。中等职业院校混合所有制改革超出了原有的单一产权和单一所有制的范围，致力于公有产权和非公有产权、公有资本和非公有资本的相互融合，其本身与我国现行的诸多"非公即私"特定历史背景中产生的教育法律政策极不相符，虽然我国大力倡导混合所有制办学改革，但是目前的《中华人民共和国教育法》《中华人民共和国职业教育法》《中华人民共和国民办教育促进法》《中华人民共和国公司法》等众多法律也无法破解这些难题。如何保障系统、科学、有效的法律政策供给是中等职业教育混合所有制改革面临的重要困境之一。

（二）现有法律缺少对职业教育混合所有制改革的界定和支持

现行的《中华人民共和国教育法》《中华人民共和国职业教育法》《中华人民共和国高等教育法》《中华人民共和国民办教育促进法》等

众多法律都没有关于职业教育混合所有制改革相关的法律条款，甚至相关的表述也没有，说明目前法律上对职业教育混合所有制改革的表述界定尚处于空白，导致在中等职业教育混合所有制改革中无章可循、无法可依。中等职业学校进行混合的界限和非公有资本参与中等职业学校混合所有制改革的界限都没有明确，改革只能由学校和企业自己探索实施，这样容易导致学校和企业在改革过程中的关键环节处理上"触碰雷区"，给各方参与中等职业教育混合所有制改革带来风险。中等职业学校和非公有资本参与中等职业学校混合所有制的权益没有明确规定，应得利益得不到应有保障，容易打击各方参与中等职业教育混合所有制改革的积极性。

四、治理层面

占中等职业教育大多数的公办中等职业学校基本全是事业单位，与企业在治理理念、行为方式、治理手段、治理目的上存在较大差异，教育事业的公益性和企业的功利性之间存在冲突，混合所有制中等职业学校多元共治、科学合理的治理结构始终难以建立。

（一）法人属性不清，法人地位不明

混合所有制是中国特色社会主义经济制度之一，涵盖了公有制经济成分和非公有制经济成本，确定混合所有制的法人属性和地位，成为开展混合所有制改革的基本问题。明确法人属性和法人地位同样也是中等职业教育混合所有制改革的基本问题，混合所有制职业院校的法人属性是企业法人、还是事业法人、还是民办非企业法人，都没有明确清晰的界定和法律规定。多元化的投资主体决定了混合所有制中等职业学校很难形成独立的单一法人实体，不同性质的法人实体单位的混合办学也间接地导致了混合所有制中等职业学校的法人属性不够清晰，从而导致学校的法人地位也不够明确，法人权益得不到充分保障。

（二）治理体系不够合理

目前，中等职业学校的管理相对行政化，尤其是公办中等职业学校的行政化色彩更加浓厚。中等职业教育混合所有制改革是中等职业学校引入非公有资本、学校产权结构发生根本性变化、学校治理结构和治理体系需要发生相应的改革。由于中等职业学校众多的政策限制，构建科学合理的混合所有制治理体系现实难度较大，目前只能在相关的政策范围内寻求一种相对接近的治理方式，构建一个"不彻底"的治理体系。同时，由于投资主体的多元化，真正做到产权清晰并建立科学有效的混合所有制中等职业学校治理体系难度较大，很难突破现有的办学模式和体制障碍，从而导致各投资主体权责失衡、各行其是、缺乏配合。

（三）产权界定不够清晰

中等职业教育混合所有制改革的本质特性是产权的融合，在产权的融合过程中，必然会涉及产权的界定，只有明确界定了产权的性质和产权的价值，才能进行下一步的产权的融合。中等职业教育混合所有制改革各参与方性质不同，资本的呈现形式多种多样、产权的构成复杂混乱，加上没有明确的法律法规对复杂的产权进行明确的界定，这就导致了中等职业教育混合所有制改革过程中，各参与方的产权界定和产权划分不够清晰。

（四）公办中等职业学校的治理主体地位没有得到保障

公办中等职业学校具有独立法人，本应当对学校具有绝对的管理权和自主的决策权，但是由于公办中等职业学校的法人和管理人员一般都是由上级行政部门任命，加之学校的办学经费来自于政府财政资金，实际上公办中等职业学校在办学上的自主决策权并不大，公办中等职业学校的行政化色彩更浓，政府会对学校的发展、办学等重大事项会进行指导和管理，公办中等职业学校的办学自主权没有得到充分保障。从公办中等职业学校的法人和管理者的角度来看，他们都是上级行政部门任命的有行政级别的管理者，主要对上级行政部门负责，工作目的更多地是职务晋升，这就导致了公办中等职业学校的法人和管理者从上级行政部门争取学校治理主体地位的动力不足。

（五）非公有经济参与主体的治理权利同样没有得到保障

根据现代企业治理制度，通常以各投资方的持股比例作为划分各投资方权责范围和获益比例的基本依据，混合所有制中等职业学校同样借鉴这一做法，以各参与方的出资比例和持股比例作为划分学校治理权利的主要依据，但是由于混合所有制中等职业学校大多是在中等职业学校的基础上建立起来的，混合所有制中等职业学校的大部分资产均来自于中等职业学校，企业的出资比例相对较少，参与企业尤其是中小型企业的出资比例无法与中等职业学校的国有资本或集体资本相抗衡，混合所有制中等职业学校中的大股东基本都是以中等职业学校为代表的公有经济参与者，非公有经济参与者的话语权和治理权利得不到保障。

五、运行层面

（一）各参与方相关法律待遇得不到落实

由于目前没有关于中等职业教育混合所有制改革的明确法律条文，各参与方的相关权益只能从相近的法律中寻找支持，如《中华人民共和国民办教育促进法》。《中华人民共和国民办教育促进法》规定了民办教育主体享有的诸多法律权利和优惠待遇，但是在中等职业教育混合所有制改革过程中，参与公办中等职业教育混合所有制改革的社会非公有资本能否作为民办教育主体没有得到明确，混合所有制中等职业学校是否可以界定为民办教育实体也没有得到确定，混合所有制中等职业学校各参与主体是否享有《中华人民共和国民办教育促进法》规定的相关权利和待遇，也没有明确的界定和解释。

（二）各参与方之间容易产生矛盾分歧

明确界定中等职业教育混合所有制改革各参与方的产权归属、确定各参与方清晰的权责划分和利益分配是开展中等职业教育混合所有制改革的基础。目前，在现有的法律制度框架内，没有对中等职业教育混合所有制改革各参与方产权的界定标准和界定方法，这就导致了各参与方的产权界定不够清晰明确，进而导致各参与方的权责不够明确、收益归属不够明晰、利益分配不够合理，导致各参与方之间容易产生矛盾纠纷。

（三）产权价值评估难度较大

中等职业教育混合所有制改革需要按照各参与方的实际产权价值和投入资本折算相应的股权归属。中等职业学校进行混合所有制改革投入的土地、校舍、教学资源、教学设备、教师队伍、科学技术等要素，包括硬件和软件，其中硬件资源的产权价值评估缺乏统一标准，软件资源的产权价值难以评估，这给确认混合所有制中等职业学校的股权归属带来了挑战。中等职业学校进行混合所有制改革后，产权类型变得更加复杂，各参与方资产的投入、资产的转让退出、产权结构的调整、各方资产的收益贡献率等问题更加难以评估和确定。

（四）各方权益未得到充分保障

混合所有制中等职业学校的参与方，除了政府、中等职业学校、企业之外，还有行业协会等社会组织，这些参与方以技术、知识、资金、管理、资产、人力等要素参与中等职业教育混合所有制办学中来，是混合所有制中等职业学校的产权主体和管理主体，理应享有相应的权益和话语权，但是由于人员流动及待遇、准入退出标准、收益分配比例没有得到很好地解决，中等职业教育混合所有制改革的运行机制尚未完全建立，中等职业教育领域的资产交易流通机制尚未完全建立，导致混合所有制中等职业学校各参与方的权益和话语权没有得到充分保障。

（五）法人财产权落实不到位

由于中等职业教育混合所有制尚属新生事物，立法工作还没有跟进，混合所有制中等职业学校的法人财产权还没有真正落实到位。

1. 法人财产权与股权的割裂

各投资主体投入的资本经过评估折算成相应股份，法人财产权就变成了股权，法人财产权最终以股权的形式外显，股权是法人财产权的基础。但是如果按照《中华人民共和国民办教育促进法》的规定，其投资份额却无法在混合所有制中等职业学校中获得全部的股权权益，或者同样的投资份额在不同的混合所有制中等职业学校中会获得不同的权益，法人财产权没有与股权在实践中结合起来。

2. 法人财产权无法正常流通

在社会主义市场经济条件下，产权有序合理流通是实现资源有效配置的重要途径。混合所有制中等职业学校的法人属性如果被定位非营利法人，那根据相关法律规定的要求，出资人的股权就不能转让，只有在学校解散清算之后才能重新获得资产所有权，这样，出资人的股权转让、资本撤出等操作也无就法实现。法人的财产权无法正常流通，就不能保障法人的产权自由，法人就不能根据自身实际情况灵活运作资本，容易打消各方参与中等职业教育混合所有制改革积极性。

3. 法人财产的保值、增值得不到保障

资产保值增值是出资人参与中等职业教育混合所有制改革的根本动因，理论上讲，出资人资产应该随着学校财产总量的增加而不断增加，但目前混合所有制中等职业学校中非公有出资人的资产保值、增值不能得到保障，因为《中华人民共和国民办教育促进法》要求非营利性民办学校的举办者不得取得办学收益，也就是说非营利性混合所有制中等职业学校即使出资人对其资产享有财产权，这种财产权也无法从办学收益中获得利润。

（六）运行机制尚未完全建立

由于中等职业教育混合所有制改革刚刚开展，改革尚处于探索阶段，具体的改革过程中的系列问题还没有得到充分认识，更没有得到充分解决，混合所有制中等职业学校各方要素如何组建、如何更好地发挥各方投入要素的最大效用、各方投入要素如何更高效地协同合作、各方投入要素的产出如何分配等问题都需要不断探索总结，混合所有制中等职业学校的运行机制目前尚处于探索阶段，尚未完全建立。

六、实践层面

（一）职业教育混合所有制改革尚处在探索时期

混合所有制是经济领域的专有名词，是国民经济发展的一种重要方式，是中国特色社会主义基本经济制度的重要实现形式，引入教育领域最早仅可追溯到 2014 年国务院颁布的《关于加快发展现代职业教育的决定》（国发〔2014〕19 号）。至今仅有几年，职业院校混合所有制改革是职业教育借鉴经济领域改革成功经验来促进职业教育自身多元、可持续发展的办学模式改革，可以说是一个新生事物。

（二）可供借鉴的典型经验不多

从现有的职业院校混合所有制改革实践来看，目前还没有比较成熟、科学的典型经验和案例，而且现有的开展混合所有制改革的职业院校改革背景形势不同、自身发展特点不同、面临的困难不同、所在的社会经济发展环境不同，具体采取的改革措施和改革成效也不同，很难形成可借鉴、可复制、可适用的改革案例。尤其是中等职业学校的混合所有制改革目前基本还没有开展，职业院校混合所有制改革基本还没有触及中等职业教育，这就给中等职业学校混合所有制改革带来了一定困难。

（三）实际管理难度较大

在混合所有制中等职业学校的日常管理中，公办中等职业学校的决策者与非企业决策者之间容易产生分析，管理协同难度较大，公办中等职业学校的根本属性是公益性，办学目的遵循普惠性，注重教育的社会效益，而企业的根本属性是经济属性，追求的是自身的经济利益，因此在办学过程中，二者之间由于办学动机不一致容易产生分歧，前者希望改善办学条件、照顾学生权益和提高教师待遇，后者希望降低办学成本、扩大经营范围、提高办学收益。

（四）混合所有制中等职业学校竞争力不强

混合所有制中等职业学校的本质特点就是投资主体性质多样、办学主体来源多元、产权结构构成复杂。从理想状态看，办学主体越多元学校应该更有活力、发展更好，但是在中等职业教育混合所有制改革实践中我们可以看到，这种多元、复杂的投资主体和产权结构实际上增加了各方相互融合的难度，给中等职业学校混合所有制改革带来了阻碍。公办中等职业学校与非公有制经济主体之间的信任度比较低，由于非公有制经济的逐利本性和缺乏相应的社会治理经验，公办中等职业学校、政府等公有制主体对非公有制经济主体参与社会事务管理持怀疑和防备态度且中等职业教育混合所有制改革的法律体系不够完善、支持保障政策不够全面和公有制主体的强势，非公有制经济主体对公有制主体也是持不信任和防备态度。由于混合所有制中等职业学校性质的特殊性，无法获得全额的公共财政拨款和全套的公共政策支持，获得的公共财政的经费支持较少，能够享受的支持政策也不多，学校在办学经营过程中使用的教育资源和办学经费基本都是由自身筹集，办学经费不足和教育资源短缺成为混合所有制中等职业学校的制约因素。由于上述原因，最终导致的混合所有制中等职业学校在与公办中等职业学校的竞争中经常处于劣势地位。

第四节　中等职业教育混合所有制改革的政策分析

一、中等职业教育混合所有制改革的现有政策

党的十八届三中全会通过的《中共中央关于全面深化改革若干重大问题的决定》中，指出"国有资本、集体资本、非公有资本等交叉持股、相互融合的混合所有制经济，是基本经济制度的重要实现形式"，这是在党中央层面明确了混合所有制经济的重要地位。2014年颁布的《国务院关于创新重点领域投融资机制鼓励社会投资的指导意见》中，指出"鼓励社会资本参与教育、医疗、养老、体育健身、文化设施"，这就为中等职业教育混合所有制改革创造了政策环境。2014年2月国务院总理李克强主持召开国务院常务会议，研究加快发展现代职业教育工作，首次正式提出在职业教育中进行混合所有制改革的思路。2014年颁布的《国务院关于加快发展现代职业教育的决定》（国发〔2014〕19号）要求，"探索发展股份制、混合所有制职业院校，允许以资本、知识、技术、管理等要素参与办学并享有相应权利"，这是作为"引导支持社会力量兴办职业教育"的重要途径提出来的，这是鼓励非公有资本入驻公办职业院校，这一转变是根本性的转变，自此以后的政策都是从这一角度要求的。2014年颁布的《现代职业教育体系建设规划（2014—2020年）》要求的"探索发展股份制、混合所有制职业院校"是作为"创新民办职业教育办学模式"和"推动职业教育集团化发展"的途径之一提出来的，这是鼓励公有资本入驻民办职业院校。2015年教育部颁布的《关于深入推进职业教育集团化办学的意见》指出"探索集团内部产权制度改革和利益共享机制建设，开展股份制、混合所有制试点"。2015年教育部颁布的《高等职业教育创新发展行动计划（2015—2018年）》要求，"发挥企业重要办学主体作用，探索发展股份制、混合所有制高等职业院校"，职业教育混合所有制改革进入了政府教育行政部门以政策为导向的实践探索阶段。2016年国

务院颁布的《国务院关于鼓励社会力量兴办教育促进民办教育健康发展的若干意见》中要求，"探索举办混合所有制职业院校，允许以资本、知识、技术、管理等要素参与办学并享有相应权利"。2017 年国务院办公厅颁布了《国务院办公厅关于深化产教融合的若干意见》，提出"鼓励有条件的地区探索推进职业学校股份制、混合所有制改革，允许企业以资本、技术、管理等要素依法参与办学并享有相应权利。"2019 年国务院印发的《国家职业教育改革实施方案》，提出"支持和规范社会力量兴办职业教育培训，鼓励发展股份制、混合所有制等职业院校和各类职业培训机构"。

二、中等职业教育混合所有制改革的政策变迁

我国职业院校混合所有制办学经历了二十多年的改革历程，相应的政策也进行了更新和完善，我国职业院校混合所有制改革政策可以大体分为三个阶段。

（一）萌芽期（1996—2003 年）

职业教育混合所有制改革政策缘起还要上溯到 1996 年颁布的《中华人民共和国职业教育法》，该法要求职业教育应进行"产教结合……与企业密切联系，培养实用人才和熟练劳动者"，产教融合是职业教育混合所有制改革的逻辑起点。1997 年召开的党的"十五大"，在报告中首次提出了"混合所有制经济"的概念，标志着我国正式着手发展混合所有制经济。2002 年召开的党的"十六大"，在报告中指出"除极少数必须由国家独资经营的企业外，积极推行股份制，发展混合所有制经济"，同年，国务院颁布的《国务院关于大力推进职业教育改革与发展的决定》要求"深化职业教育办学体制改革，形成政府主导、依靠企业、充分发挥行业作用、社会力量积极参与的多元办学格局"。这一政策周期，提出了职业教育混合所有制改革的逻辑起点，已经认识到社会力量参与职业教育办学的重要性，为后来中等职业教育混合所有

制改革奠定了基础。

（二）雏形期（2004—2013 年）

2004 年教育部等七部委联合颁布《教育部等七部门关于进一步加强职业教育工作的若干意见》，要求探索与企事业单位、社会团体、民办职业学校及个人合作方式，实行多元投资并举的办学体制。2005 年国务院颁布《国务院关于大力发展职业教育的决定》，要求"探索以公有制为主导、产权明晰、多种所有制并存的办学体制"。2010 年发布的《国家中长期教育改革和发展规划纲要（2010—2020 年）》，要求"深化公办学校办学体制改革，积极鼓励行业、企业等社会力量参与公办学校办学"。在这一政策周期，对职业教育混合所有制改革的认识更进了一步，已经深化到产权层面，允许多种所有制并存的办学局面，有力推动了中等职业教育混合所有制改革的形成。

（三）成型期（2014 年至今）

2014 年颁布的《国务院关于创新重点领域投融资机制鼓励社会投资的指导意见》中，指出"鼓励社会资本参与教育、医疗、养老、体育健身、文化设施建设"，这就为中等职业教育混合所有制改革创造了政策环境。2014 年 2 月国务院总理李克强主持召开国务院常务会议，研究加快发展现代职业教育工作，首次正式提出在职业教育中进行混合所有制改革的思路。2014 年颁布的《国务院关于加快发展现代职业教育的决定》（国发〔2014〕19 号）要求，"探索发展股份制、混合所有制职业院校，允许以资本、知识、技术、管理等要素参与办学并享有相应权利"，这是作为"引导支持社会力量兴办职业教育"的重要途径提出来的，这是鼓励非公有资本入驻公办职业院校，这一转变是根本性的转变，自此以后的政策都是从这一角度要求的。2014 年颁布的《现代职业教育体系建设规划（2014—2020 年）》要求的"探索发展股份制、混合所有制职业院校"是作为"创新民办职业教育办学模式"和"推动职业教育集团化发展"的途径之一提出来的，这是鼓励公有资本入驻民办职业院校。2015 年教育部颁布的《关于深入推进职业教育集团化办学的意见》指出，"要探索集团内部产权制度改革和利益共享机制建设，开展股份制、混合所有制试点"。2015 年教育部颁布的《高等职业教育创新发展行动计划（2015—2018 年）》要求，"发挥企业重要办学主体作用，探索发展股份制、混合所有制高等职业院校"，职业教育混合所有制改革进入政府教育行政部门以政策为导向的实践探索阶段。2016 年国务院颁布的《国务院关于鼓励社会力量兴办教育促进民办教育健康发展的若干意见》中要求，"探索举办混合所有制职业院校，允许以资本、知识、技术、管理等要素参与办学并享有相应权利"。2017 年国务院办公厅颁布了《国务院办公厅关于深化产教融合的若干意见》，提出"鼓励有条件的地区探索推进职业学校股份制、混合所有制改革，允许企业以资本、技术、管理等要素依法参与办学并享有相应权利"。2019 年国务院印发的《国家职业教育改革实施方案》，提出"支持和规范社会力量兴办职业教育培训，鼓励发展股份制、混合所有制等职业院校和各类职业培训机构"。在这一政策周期中，国家进行职业教育混合所有制改革的决定已经非常明确，从提出职业教育混合所有制改革到现在的短短五年间，对职业教育混合所有制的认识深入参与要素、改革类型、办学权益等更加细致的办学层面，有力促进了中等职业教育混合所有制改革。

第五节　中等职业教育混合所有制改革利益相关者分析

一、中等职业教育混合所有制改革各利益相关者及其诉求

管理学上的利益相关者是指"受组织决策和行动影响的任何相关者"。中等职业教育混合所有制改革的利益相关者是指在中等职业教育混合所有制改革过程中涉及的各参与方与受教育者，主要包括中等职

业学校、非公有资本团体、政府、法人等，这其中主要的利益相关者是中等职业学校、非公有资本团体、政府和法人。

（一）中等职业学校

中等职业学校是混合所有制改革的母体，中等职业教育混合所有制改革主要是依托中等职业学校来进行，因此，中等职业学校与中等职业教育混合所有制改革最为密切。长期以来，我国绝大多数中等职业教育的办学主体是地方政府，办学经费以地方财政性经费投入为主，学校性质属于公办学校，既然是国家出资办学，那中等职业学校就要承担一定的公共责任，为国家、社会提供优质的中等职业教育服务，具有较强的公益性。在公办学校中探索混合所有制改革就是在公有资产和公有资本中混入非公有资产和非公有资本，利用非公有资产和非公有资本自身的活力来带动中等职业学校的发展。中等职业学校的混合所有制改革利益诉求是转变发展方式、增强办学活力、提高人才培养质量和适切度、提高学校社会声誉、获得学生家长认可、获得企业和政府认可。中等职业学校借助企业的市场活力、管理机制和政府的全面保障，可以提升学校的办学条件和水平，可以整合校企双方的资本、技术、场地、师资等资源，共同建设人才培养场地和人才培养信息平台，共同开发课程、教学和教学内容，共同进行人才培养模式变革。

（二）非公有资本团体

最典型的非公有资本团体就是企业（这里主要指民营企业和外资企业，下同），除此之外还包括各行业协会、社会团体等。企业是中等职业教育发展"双元"中的"另外一元"，是中等职业学校发展不可或缺的重要力量，但是目前，我国企业参与中等职业教育办学的热情不高，由于企业在与中等职业学校的合作过程中缺少话语权，没有真正参与中等职业学校的办学过程、育人过程中，企业与中等职业学校的合作没有给企业带来利润，甚至有的企业在与中等职业教育合作过程中出现"亏本"，这对于有着强烈逐利性的企业来说是不可接受的，因此，企业对中等职业教育往往"敬而远之"。据全国人大教科文卫委员会调研数据显示，社会机构或个人投资兴办教育，其办学动机中有获得利润的占90%以上，以纯公益目的办学的不到10%。企业为了达到获得技能型人才的目的，有深度参与中等职业教育办学的内部动力，混合所有制改革通过允许企业与中等职业学校产权融合、资产融合，让企业深度参与中等职业学校的运行过程中，企业也成为了中等职业学校的"主人"，这样企业参与中等职业学校办学的积极性会增加。如果企业参与中等职业学校混合所有制改革过程中还能够获得利润，那企业的参与积极性会更高。企业参与中等职业教育混合所有制改革的利益诉求是拥有话语权、获取所需人才、降低用人成本，获得利润分成、享受政策优惠、获得学校技术支持、优先使用学校资源、提升企业名誉、声誉、信誉和知名度等。

（三）政府

目前，我国中等职业学校大都归当地政府管理，政府作为中等职业学校的唯一投资主体，对中等职业学校拥有绝对话语权，中等职业学校的人、财、物都要受政府制约，中等职业学校的办学、教学都要受到政府的指导，这种体制的优势是中等职业学校拥有稳定的财政投入，不用为办学经费不足而发愁，拥有明确的办学指导方向，按照政府的意愿和要求办学即可，其不足也是不言而喻的，这种家长式的管理体制容易让中等职业学校办学产生依赖性，学校自身缺乏改革动力和创造力。同时由于政府也是中等职业学校的唯一利益主体，政府希望中等职业学校能够改变缺乏活力的现状，为社会提供优质的教育服务，因此，政府自身也有对中等职业学校进行改革的动力，也想通过混合所有制改革使中等职业教育满足社会需求，为社会提供更好的教育服务，提供适合社会经济发展的高技能人才。政府推进中等职业教育混合所有制改革的利益诉求是落实国家相关政策文件精神，改变政府主导下的中等职业学校"千篇一律"的现状，提供社会经济发展所需的技能型人才、服务社会经济发展、提高人民群众的教育满意度。

（四）法人

《中华人民共和国民法总则》规定：法人是具有民事权利能力和民事行为能力，依法独立享有民事权利和承担民事义务的组织。这是从广义上界定的法人定义，本研究中的法人主要是指狭义上的法人，即依法独立享有民事权利和承担民事义务组织的合法代表人，在混合所有制中等职业学校中，主要是指实际出资的组织的合法代表人。中等职业教育混合所有制改革涉及的法人的权益主要是法人财产权。法人财产权是产权的一种，即法人所有，亦即"是由作为投资者的股东通过权能转移方式而产生出来的权利"[①]。公办中等职业学校的法人财产权没有实际上的独立性，因为整个学校都是政府出资办的，学校的运行费用需要公共财政资金，民办中等职业学校的法人财产权受《中华人民共和国民办教育促进法》"民办学校对举办者投入民办学校的资产、国有资产、受赠的财产以及办学积累，享有法人财产权"条款的保护，具有实际上的独立性。混合所有制中等职业学校属于新生事物，混合所有制中等职业学校的法人财产权是指混合所有制中等职业学校对投资人投入资本享有的占有、收益、使用、处分的权利。就目前来看，《中华人民共和国教育法》《中华人民共和国职业教育法》《中华人民共和国物权法》《中华人民共和国民法总则》等法律中关于法人及其财产权的有关规定同样应该适用于混合所有制中等职业学校，混合所有制中等职业学校的法人拥有财产所有权而整个学校拥有法人财产权中的使用权、分配权和经营权。

二、中等职业教育混合所有制改革各利益相关者之间的博弈

由于中等职业教育混合所有制改革涉及的利益相关者众多，彼

---

① 王大泉. 怎样完善民办学校的法人财产权？ [N]. 中国教育报，2004–11–17(8).

此之间的关系组合过于杂乱，因此，本部分只探索主要的利益相关者——中等职业学校、企业和政府彼此之间的博弈关系。

（一）中等职业学校与企业之间的博弈

企业参与中等职业学校混合所有制改革后，不再是中等职业学校办学的"另外一元"，而变成了中等职业学校的办学主体，成为了中等职业学校的"股东"，在中等职业学校办学过程中拥有话语权和决定权，因此，企业也就不会仅仅满足于获得利润、享受各种政策优惠等低层次的利益需求，而是会产生获取企业自身生产管理所需人才、深度参与人才培养过程中、直接参与中等职业学校办学过程中等高层次的需求。企业能否在改革中满足自身更高层次的需求，取决于自身采取的措施和中等职业学校采取的策略。企业参与中等职业学校混合所有制改革可以采取正负两方面的措施，而中等职业学校也可以有正负两方面的应对策略，这样就会出现四种情况：一是企业积极参与同时中等职业学校也积极配合，这种情况下企业和学校会充分考虑对方的需求和关切，双方会为了彼此的需求而舍弃自身的某些利益，但是在现实中，这种情况较难出现；二是企业积极参与但是中等职业学校不够配合，这种情况下，企业主动提供自身所能提供的资金、技术、设备、材料等资源，而中等职业学校对于企业提供的资源和企业的热情反应不够积极，尽管企业倾尽所有，但是企业的高层次需求仍然无法得到满足，长此以往，企业的参与热情就会消减，中等职业学校的混合所有制改革也会半途而废，现实中这种情况也比较少见；三是企业参与不够积极但是中等职业学校积极配合，这种情况下，企业主动付出各种资源的积极性不高，中等职业学校积极寻求与企业合作，主动让渡自身利益、采取各种方法吸引企业参与学校办学，这种情况在现实中最为多见；四是企业参与不够积极且中等职业学校的配合也不积极，这种情况下，企业和中等职业学校对彼此都缺乏兴趣，互相都没有特殊或强烈的需求，只是为了短期的经济利益或者完成行政任务而进行表面上的合作，这种情况在现实中也不少见。在企业参与中等职业学校混合所有制改革办学实践中，企业想尽可能的扩大话语权，以按照企业的实际需求培养使用人才，尽可能扩大企业的所得利润，而中等职业学校需要保持自身办学的独立性并且要符合办学的规范要求、维护学生合法权益，这需要二者在办学实际中互相照顾双方利益关切、遵守对方底线的基础上，达成默契的结合点。

（二）中等职业学校与政府之间的博弈

政府作为中等职业学校的兴办者，对中等职业学校的管理者使用、办学实践、招生就业、人才培养有绝对权威的话语权，政府对改革的态度很大程度上决定了中等职业学校混合所有制改革的成败。政府对中等职业学校混合所有制改革的态度主要有支持和不支持两种，而中等职业学校对政府的态度也有两种反应，即积极响应和消极响应。由于政府对中等职业学校的绝对话语权，如果政府不支持中等职业学校混合所有制改革，那么不管中等职业教育是否积极，其混合所有制改革结果都是一样。因此，这样就会出现二种情况：一是政府支持改革同时中等职业学校积极响应，这种情况下，政府通过出台优惠政策、下放管理权限积极支持中等职业学校混合所有制改革，中等职业学校积极利用这些便利条件，积极推进混合所有制改革，这是最理想的改革情况；二是政府支持改革但是中等职业学校响应不够积极，这种情况下，虽然政府积极提供政策支持中等职业学校开展混合所有制改革，但是中等职业学校的改革意愿不高，改革热情没有被点燃，可能是由于政府的支持力度不够，也可能是由于中等职业学校自身的改革热情不高。因此，中等职业学校想争取更多的办学自主权，想要根据自身实际情况灵活采取办学模式，政府简政放权放到什么程度，让学校自主办学自主到什么程度，需要在二者之间找一个很好的平衡点。

（三）企业与政府之间的博弈

非公有制企业是社会个人或团体举办的经济实体，不属于政府举办，政府对非公有制企业没有绝对权威的话语权，只能通过出台政策来规范非公有制企业行为、引导非公有制企业发展方向。政府对于企业参与中等职业学校混合所有制办学可以采取积极引导和不引导两种行为，企业对于政府的行为可以采取积极响应和消极响应两种应对策略。如果政府不引导企业参与中等职业学校混合所有制改革，企业参与中等职业学校混合所有制改革的动力就不强，由于此处探讨的是中等职业学校混合所有制改革中企业和政府之间的博弈，中等职业学校独自吸引企业参与混合所有制改革的情况不在此处谈论范围之内，因此，政府不引导企业参与中等职业学校混合所有制改革，企业就没有参与改革的动力，所以就剩下了两种情况：一是政府积极引导企业参与中等职业学校混合所有制改革同时企业也积极响应政府的引导，这种情况下，企业利用政府的优惠政策，在得到实惠的情况下，积极参与中等职业学校混合所有制改革，促进改革的进一步发展；二是政府积极引导企业参与中等职业学校混合所有制改革但是企业对政府的引导反应不够积极，这种情况下，企业面对政府的积极的政策引导无动于衷，可能是由于政府的优惠政策支持力度不够，也可能由于企业自身的对混合所有制的认识和利益考虑。这就需要在政府支持程度和企业索取程度之间找一个合适的平衡点，以此来激发企业参与改革的热情。政府从自身来讲希望企业发展得更好，这样企业能给政府带来更多的财税收入，因此政府在引导企业参与中等职业学校混合所有制改革上拥有更大的"诚意"。

（四）法人对其财产权的争取

混合所有制中等职业学校的法人财产权必须明确，这是混合所有制中等职业学校组建、运行的基础，各投资主体投入的资本经过评估折算成相应股份，法人财产权就变成了股权，法人财产权最终以股权的形式外显，同时股权是资本化了的权利，也是一种虚化了的权利，通过股权的转让可以使法人财产权进行流通。混合所有制中等职业学校的法人财产权首先是作为整体存在的，其单个出资人与法人财产是部分与整体的关系，不论单个出资人的资本占比多少均不能构成混合所有制中等职业学校的法人财产，因此法人财产权共同所有，同样，法人承担的权利和义务也是共同所有，只有当这种共有关系消亡并且财产分割、清算后，单个出资人才能按所持股份获得财产份额。混合所有制中等职业学校的法人财产权同时也是有限的财产权，混合所有制中等职业学校出资人在向学校投资的过程中，除了财产占有权外，财产的使用、分配、经营等权利都交给了学校执行层（即校务委员会）去进行实际的财产运作，实际上，混合所有制中等职业学校法人财产权和企业的法人财产权一样，是一种定向的、有所保留的、有限的财产权。混合所有制中等职业学校的法人财产权具有相对独立性，混合所有制中等职业学校由原来单一的投资主体变成了包含公私两类性质的多元投资主体，造成了出资人财产所有权和办学过程中的财产经营权的分离。混合所有制中等职业学校的法人拥有财产所有权而整个学校拥有法人财产权中的使用权、分配权和经营权。混合所有制中等职业学校各出资组织的法人一般都是学校董事会（或理事会）的成员，他们会利用一切机会、一切手段对关于其财产权的决策产生有利于自身的影响。

第六章　中等职业教育混合所有制改革路径

中等职业教育混合所有制改革路径研究是本研究的终点，前文所有的研究结论都是为这部分内容奠定基础的，都是为得出这部分结论服务的。在明确中等职业教育混合所有制改革路径之前还需要确定中等职业教育混合所有制改革的思路，在宏观的改革思路的引导下，梳理改革路径。改革路径又可以分为理论路径和实践路径，理论路径主要是进行中等职业教育混合所有制改革的维度和角度，实践路径主要是进行中等职业教育混合所有制改革的具体做法和策略。

第一节　确定中等职业教育混合所有制改革路径的思路

一、中等职业教育混合所有制改革的背景是产教融合

产教融合是职业教育发展的内在规律，是职业教育可持续发展的必然要求。改革开放以来，我国中等职业教育一直在不断探索、不断改革，各级党委政府也都非常重视中等职业教育的发展，各地区、各部门做了大量的实践探索和改革创新，包括半工半读、产教结合、集

团化办学、工学结合、现代学徒制等，但是实际效果并不理想，没有从根本上解决产业教育"两张皮"的问题，中等职业学校办学主体仍然比较单一，行业企业参与中等职业学校办学仍然不够深入，没有形成真正的利益共享、协同融合和产业链与人才链的衔接。中等职业教育混合所有制改革就是为了从根本上解决长期困扰职业教育发展的产教融合难题，我国在中等职业教育中进行混合所有制改革的根本目的不是为了丰富中等职业教育发展的内涵，而是由中等职业教育产教融合的本质特征所决定的。中等职业教育直接作用于市场经济，培养的人才直接从事市场生产，产教融合是中等职业教育最本质的特征，也是中等职业教育区别于其他类型教育的最主要的特征之一。混合所有制改革可以更加深化中等职业教育的产教融合，混合所有制改革通过多种性质资本的融合，将传统意义上的产教观念融合、项目融合等浅层次的融合深化到了资本融合、产权融合等深层次的产教融合层面，通过合理的治理体系和科学的协议约束，形成权责明确、风险共担、利益共享的紧密发展共同体。同时，中等职业教育混合所有制改革也是在产教融合的大背景中进行的，脱离了产教融合背景，中等职业教育混合所有制改革的意义、作用就得不到凸显，中等职业教育混合所有制的改革动力就会缺失。

二、中等职业教育混合所有制改革的核心是提高人才培养质量

人才培养质量是教育永恒的主体，提高人才培养质量是教育改革和发展的最终目的，《国家中长期教育改革和发展规划纲要（2010—2020年）》等政策文件要求，职业教育要把提高质量作为重点。提高人才培养质量是职业教育最重要的任务，是职业教育改革的根本目的，也是中等职业教育混合所有制改革的核心。实现公有资本和非公有资本的保值、增值是中等职业教育混合所有制改革各参与方追求的经济

目的，混合所有制中等职业学校会通过增加招生人数、减少教学开支、节俭教育成本等方式来实现经济目的，但是不管各参与方如何追求经济目的，也不能脱离混合所有制中等职业学校的公益性，不能脱离混合所有制中等职业学校提高人才培养质量的办学目的和改革核心。在中等职业教育混合所有制改革实践中，不管采取什么改革模式，都应该把提高人才培养质量作为核心，混合所有制中等职业学校制定的任何发展战略目标、开展的任何教育活动、采取的任何教育措施都应该围绕提高人才培养质量这个核心。只有这样，才能把教育质量的硬件论、目的论、层次论、类别论、多元论、结果论有机统一起来，才能让中等职业教育混合所有制改革得到越来越多的认可，才能让中等职业教育的吸引力越来越强，才能让职业教育的发展越来越有动力。

三、中等职业教育混合所有制改革的本质是发挥市场在资源配置中的决定性作用

在资源配置过程中，市场和政府都发挥着重要作用，那么到底市场和政府谁发挥决定性作用，可以根据经济体制等多种要素来确定，现阶段，我国是"使市场在资源配置中起决定性作用和更好发挥政府作用"。"使市场在资源配置中起决定性作用"就是在社会经济发展过程中、在社会资源配置过程中，充分尊重市场规律，按照市场要素分布和市场趋势的要求来配置社会资源。中国特色社会主义市场经济体制的"使市场在资源配置中起决定性作用"和资本主义市场经济体制的"使市场在资源配置中起决定性作用"的本质区别就是在市场配置社会资源的过程中，国有资本能不能与非国有资本混合，也就是公有制经济能不能与非公有制经济混合，即，是否发展混合所有制经济，换句话说，就是发展混合所有制经济是市场在资源配置中起决定性作用的重要保证。中等职业教育混合所有制改革是我国社会主义基本经济制度在职业教育领域的重要实现形式，是新时代中等职业教育供给

侧结构性改革的重要实现形式，是新时代中等职业教育改革、构建现代职教体系的具体实现形式。在中等职业教育中进行混合所有制改革，就是在中等职业教育中引入非公有资本，引进市场机制，盘活中等职业教育现有资源，让市场在中等职业教育资源配置中起决定性作用。具体来看，从宏观上看，放宽公办中等职业教育企业准入门槛，打破公办中等职业学校占中等职业教育绝大多数的格局，丰富中等职业教育供给侧所有制产权结构。从微观上看，加强现代企业制度和现代产权制度建设，健全社会资本要素市场，从外部对中等职业教育的治理产生影响，在中等职业学校中积极引入现代企业制度和现代产权制度，在中等职业学校建立现代法人治理结构，加强中等职业学校的内部治理。

四、中等职业教育混合所有制改革的重点是突破体制障碍

中等职业教育混合所有制改革混合的重点不在于表面形式上的"混合"，而在于混合后深层次的治理结构和治理体系的构建，在于不同性质资产的评估划分及深度融合，在于现代企业管理制度和现代法人制度的建立及权益保障。中等职业教育混合所有制改革是涉及中等职业学校性质转变、产权重组、体系重塑的根本性变革，需要建立多方参与、管理民主、决策科学、运行高效的现代学校制度、现代学校治理体系和现代学校法人治理结构，需要建立产权清晰、权责明确、成本共担、利益共享、各司其职、互相配合的高效运行机制和办学方式。上述体制机制的形成需要打破原有的中等职业学校的"平稳"状态，重新对中等职业学校进行构建和塑造。中等职业学校通过引入民间资本参与办学，形成多元、开放的产权格局，建立与多元、开放产权相适应的治理机制、运行机制、管理机制、权益保障机制和利益分配机制，从而激发中等职业学校办学活力。

五、中等职业教育混合所有制改革的关键是定位好政府角色

中等职业教育混合所有制改革中，政府在哪些领域应该退出、在哪些地方应该更好地发挥作用、如何保证市场在资源配置中的决定性作用、如何更好地发挥政府作用等问题亟待明确，因此，如何定位好政府的角色是中等职业教育混合所有制改革的关键。

（一）政府应充当组织协调者的角色

由于社会团体或成员的逐利本性且社会团体或成员必须通过互相合作、互换自身拥有的资源才能使各自利润最大化，因此需要一个权威性社会机构来组织社会团体或成员进行合作交换、协调各社会团体或成员之间的关系，这时，政府就要发挥作用，因此，政府本身就具有组织协调的职能，中等职业教育混合所有制改革中应充分发挥政府的组织协调作用。各级政府应解放思想、提高认识，充分认识到中等职业教育混合所有制改革的重要意义，加强政府顶层设计，统筹改革涉及的各类要素，协调改革涉及的各个部门，积极解决中等职业教育混合所有制改革过程中遇到的各种问题。

（二）政府应充当制度设计者的角色

制度是社会团体或成员的行为准则，是社会团体或成员从事社会活动的行为遵循，制约着社会团体或成员的行为方式，在人类文明和社会发展过程中发挥着重要作用。制度作为一种"公共产品"，其产生和变迁、创新过程需要具有公信力的政府来完成，也就是说，政府才是社会制度的合法制定者。各级政府应该转变"非公即私"的思维方式，转变按不同所有制性质分类管理的管理思路，修订完善《中华人民共和国教育法》《中华人民共和国职业教育法》《中华人民共和国民办教育促进法》等基本法，系统设计中等职业教育混合所有制改革制度体系，制定中等职业教育混合所有制改革方案，出台中等职业教育混合所有制改革配套措施和实施细则。

（三）政府应充当条件保障者的角色

条件保障是中等职业教育混合所有制改革能否顺利进行的关键，支持社会事业向有利的方向改革、为社会事业改革提供保障是政府的重要责任。各级政府应该创造一切条件，克服一切困难，为中等职业教育混合所有制改革提供全方位保障，统筹规划该区域的资本投入，加大财政资金投入力度，创新资金投入和使用方式，优化财政资金投入结构，降低固定资产投资比例，提高以奖代补比重，提高政府购买服务财政支出比例，提供中等职业教育混合所有制改革所需的优质社会资源和社会生产要素，提供中等职业教育混合所有制改革所需的各类人才，积极落实各项优惠政策。

（四）政府应充当秩序维护者的角色

社会团体或成员的逐利本质使其具备天生的投机性和突破制度约束的冲动，社会团体或成员更多的是关注自身的利益而忽视社会的整体利益，为了维护全社会的整体利益，保障社会机器高效运转，需要政府来维护整个社会的运行秩序。各级政府应致力于维护混合所有制中等职业学校的外部发展秩序，培育各类市场主体，构建有序的市场运行体系，营造开放竞争的市场运行环境，约束市场主体行为，维护良好的市场运行秩序。各级政府更应致力于维护混合所有制中等职业学校的内部运行秩序，加强学校组织结构建设和党组织建设，构建合理高效的学校治理结构，健全学校决策机制和党组织参与决策的机制，进一步简政放权、转变政府职能，基于学校充分的办学自主权，改进管理方式，保障学校、企业、师生合法权益，明确学校产权结构，建立现代法人治理机制，建立学校内部产权管理制度和财务制度，防止国有资产流失和保障国有资本保值增值，建立监督评价机制，规范学校办学行为。

第二节　中等职业教育混合所有制改革的理论路径

一、自上而下的改革路径

"自上而上"的中等职业教育混合所有制改革是政府通过政策体制创新和政策舆论引导来带动中等职业学校开展改革，这是当前职业教育混合所有制改革研究的主要领域，也是目前我国推进中等职业教育混合所有制改革的主要方向。由于中等职业教育混合所有制改革涉及教育、财政、人社、编制、国资、税务等众多相关政府部门，所有需要政府各相关部门相互协同配合，坚持一事一议和一案一策逐个确定，等条件成熟后再有序推进，及时总结改革经验教训，发挥辐射带动作用。

二、由近及远的改革路径

"由近及远"的中等职业教育混合所有制改革主要是指从近期目标、措施入手循序渐进地开展改革。宏大的改革愿景和体系再造让想要进行混合所有制改革的中等职业学校和其他参与主体感觉"无所适从""找不到北"，这也是目前职业教育混合所有制改革进行中面临的一大问题，改革主体缺乏相关的改革经验，没有详细具体、理性科学、可操作的改革路径严重阻碍了中等职业教育混合所有制改革。目前中等职业教育混合所有制改革关注点应当从宏观走向微观，抓住改革具体环节，寻找中等职业教育混合所有制改革的"抓手"。中等职业教育混合所有制改革"由近及远"的改革路径主要有以下几层含义：一是先从能够进行改革突破的点改起，如中等职业学校混合所有制改革后，校企共同开发的课程体系、共同建立的实训体系、共同投入的培养师资体系等，这些相对容易进行改革、相对融合产生改革效果的地方做起；二是从迫切需要改革的地方和当前遇到的问题着手进行改革，如中等职业学校混合所有制改革后，其原来公、私有体制下人员身份的重新界定和职称待遇的落实，公、私有投资主体投入资产、设备的整合利用等；三是从各参与者的情感认识上进行改革，中等职业教育混合所有制改革各参与者的认识程度、参与程度、接受等度、贡献程度很大程度上影响着改革的成败，影响着改革能否实现既定的改革目的和育人目标，我国中等职业教育现有体系和体制存在了几十年，有些认识观念陈旧落后且根深蒂固，进行混合所有制改革学校、企业的领导人员、普通教职员工心理上都需要一个过程，人的因素是中等职业教育混合所有制改革的重要保障，关系着改革的成败。中等职业教育混合所有制改革是一个持续的、朝着改革目标不断完善的过程，在这一过程中，需要我们由近而远、循序渐进、螺旋上升地进行改革探索。

三、由点及面的改革路径

"由点及面"的中等职业教育混合所有制改革主要是指在中等职业教育混合所有制改革过程中抓住改革的关键环节和关键点，以关键环节和关键点上的突破，来推进整个改革"面"上的工作。当前中等职业教育混合所有制改革的关键环节和关键点主要包括学校治理体系的构建、不同性质出资人权益的保障、产权的深度融合及评估等。混合所有制中等职业学校治理体系的构建是凸显混合所有制特点、学校顺利运行以及各方利益共同达成的重要保障，科学合理的治理体系能够保障改革目标和人才培养目标的顺利达成。非公共有经济是中等职业教育混合所有制改革的重要一元，其参与意愿是中等职业教育混合所有制改革的关键，非公有经济的思维模式是市场逻辑，其根本动机是经济利益，保障非公有出资人的合理投入回报、保障非公有出资人的合法权益是激发非公有经济参与中等职业教育混合所有制改革的重要保证。产权的融合是混合所有制的最本质特征，混合所有制改革实际上就是产权融合的改革，中等职业教育混合所有制改革的基本实现形式就是学校产权和企业产权的深度融合和相互配合，以及在这一过程中的产权的准确评估和股权的明确归属，在中等职业教育混合所有制改革过程中，产权的深度融合和评估也是改革的关键环节和关键点，是中等职业教育混合所有制改革的重要保障。中等职业教育混合所有制改革只有抓住了关键环节和关键点，努力破解关键难题，在点上取得突破之后，才能带动整个改革面工作的推进。

四、由内及外的改革路径

"由内及外"的中等职业教育混合所有制改革主要是指中等职业学校在完成内部的混合所有制改革之后，先做好"内部事务"再从学校外部的市场环境和社会舆论环境入手，进行改革。中等职业教育混合所有制改革主要有三个关注点：一是以问题为导向，关注"内部需求"，中等职业教育的混合所有制改革不是为了贪图混合所有制的噱头而进行的改革，而是针对学校办学过程中出现的问题、具体的办学需求和办学实际而开展的改革，是通过混合所有制改革，盘活学校存量资产、提升学校办学活力，提升学校人才培养质量。中等职业教育混合所有制改革需要根据学校的实际发展水平、办学实际落差、内部发展需求等方面确定开展混合所有制改革的现实条件成熟与否。二是以自身为基点，关注"内部驱动"，中等职业教育混合所有制改革过程中，改革主体始终是中等职业学校，学校是改革的布局者、推动者、谋划者，是改革政策诉求的提出者和改革"试题"的"出题者"，同时也是"试题"的"答题者"。中等职业教育混合所有制改革是中等职业学校自身要推动的改革不是出于其他外力。三是以治理为重点，关注"内部完善"，治理一般分为内部治理和外部治理，中等职业教育混合所有制改革即涉及学校内部的治理体系的构建，又涉及与政府、社会等外部治理要素的关系协调，但是关键还是学校内部的治理体系构建。通过构建学校内部治理体系，明确各参与方权利义务，激发学校办学活力，提升学校育人水平，然后再考虑学校外部治理关系的协同。

第三节　中等职业教育混合所有制改革的实践路径

一、更新中等职业教育办学理念

（一）抛弃传统的公办、民办二元思维

抛弃体制内、体制外的传统思想。抛弃教育部门办教育的传统观念，让社会参与进来。抛弃"政府管、学校办、企业助、行业看"的局面，政府转变职能，变管理为服务、提供平台，学校变闭门办学为开放办学，企业变游离于学校办学外提供支持为参与到学校办学当中、发挥主体作用，行业变职能缺失为积极参与协助、提供办学信息。

（二）消除传统观念束缚

中等职业教育混合所有制改革超越了原有的单一产权和单一所有制的范畴，致力于公有产权和非公有产权、公有资本和非公有资本的相互融合，其本身与我国现行的诸多"非公即私"的传统观念极不相符。混合所有制中等职业学校作为一种全新的介于公办和民办之间的独立形态存在，本身就是所有制改革从经济领域向其他社会领域延展的过程，是教育体制改革和中等职业教育办学改革的重要突破，对于密切中等职业教育与社会经济的关系、构建现代职业教育体系、提高中等职业教育办学质量具有重要的意义。因此，中等职业教育混合所有制改革各相关方应坚持"不管白猫黑猫，逮住老鼠就是好猫"的理念，在不违背相关政策法律的前提下，积极推行改革，破解改革难题。

（三）进一步解放思想

政府机关工作人员、国有企业和集体企业管理人员要进一步解放思想，深刻领会中央关于发展混合所有制的精神要求，深刻认识混合所有制改革对中等职业教育发展的重要意义，消除对民营资本、个体资本、国外资本等非公有制资本的误解和偏见，以服务的态度和真诚的胸怀鼓励引导非公有制资本参与中等职业教育混合所有制改革。

二、构建混合所有制中等职业学校的治理体系

构建治理体系包括建立治理结构和理顺治理机制，前者是治理体系的物质结构，后者是治理体系的精神特质。构建混合所有制中等职业学校治理体系就要从学校的治理结构和治理机制入手。

（一）构建混合所有制中等职业学校治理体系的原则

混合所有制中等职业学校的治理体系是中等职业教育混合所有制改革运行的关键，构建混合所有制中等职业学校的治理体系有特殊的要求，需要遵循一定的原则。

1. 合法合规性

治理体系是混合所有制中等职业学校有效运行的重要保证，规定着混合所有制中等职业学校发展的运行模式、运行规范、管理体制和行为准则，因此治理体系的构建一定要符合国家、地方各级政府的相关法律法规和政策制度，符合现代企业制度和现代产权制度，符合契约精神和混合所有制中等职业学校参与各方的合作约定。

2. 平等协商性

互相尊重、平等协商是任何合作的基础，中等职业学校混合所有制改革需要各方平等协商、互相合作才能顺利开展。混合所有制中等职业学校各参与方在资本性质、资金投入、企业规模、产权多寡等方面不尽相同，但是各方的基本权利都是平等的，不管混合所有制中等职业学校投资主体的投资规模大小和资本性质如何，都应该保障各投资主体的基本权益，保障各方在重大决策事项中的话语权，这样才能建立一个有效运作、高效运行的治理体系。

3. 诉求兼顾性

满足混合所有制中等职业学校各参与主体自身的利益诉求是建立混合所有制中等职业学校治理体系的重要目的。混合所有制中等职业学校各参与主体由于自身性质的不同而导致各自的参与目的也不尽相同。一套有效的治理体系一定能够满足混合所有制中等职业学校各参

与主体的利益诉求，混合所有制中等职业学校治理体系能够保障混合所有制中等职业学校的顺利运行，使各参与主体的参与合力效能更高，满足各参与主体各自的利益诉求。

（二）完善中等职业学校混合所有制改革治理结构

构建与混合所有制改革特点相适应的"高效自主、权责一致、协同配合"的内部治理结构。中等职业学校混合所有制改革投资主体性质多样、办学主体来源多元、产权结构构成复杂的特点决定了学校的内部治理机构应该是民主决策、多元共治。混合所有制中等职业学校是不同于公办中等职业学校和民办中等职业学校的第三种中等职业学校，在治理结构上应该与传统的公办、民办中等职业学校和民办中等职业学校上有所区别。在构建混合所有制中等职业学校内部治理结构的过程中，既要避免传统公办、民办中等职业学校治理结构中的现实问题，又要发挥公办、民办中等职业学校的治理优势，建立混合所有制中等职业学校特有的内部治理结构。对于在公办中等职业学校基础上进行的混合所有制改革，由于公有资本占比较大，建议仍然采用党委领导下的校长负责制，校长以及校务委员会在党委的领导下开展工作，借鉴现代经济制度和现代企业制度，建立董事会，校务委员会在党委和董事会双重领导下开展工作。对于在民办中等职业学校基础上进行的混合所有制规格，建议根据现代企业制度，建立股东大会、董事会、校务委员会、监事会、工会等多元治理结构，同时加强这类学校中的党的建设。

（三）构建中等职业学校混合所有制改革治理机制

1. 政府部门加强顶层设计

中等职业教育混合所有制改革是一项全新的改革探索，改革过程中会面临诸多的不确定因素和问题困难，这就需要政府行政部门整体规划中等职业学校混合所有制改革的改革路径，制定混合所有制中等职业学校发展的长远规划明确各类资本参与中等职业学校混合所有改革的方式、路径、原则、底线和各参与方权益的分割保护，明确混合所有制中等职业学校的办学性质，明确混合所有制中等职业学校的办学方式和治理结构，引导支持混合所有制中等职业学校建立起顺畅有效的治理机制。

2. 建立混合所有制中等职业学校内部治理机构

混合所有制是经济领域的概念，混合所有制经济的细胞就是混合所有制企业，把混合所有制改革与中等职业教育办学模式改革相结合，同时也要把现代经济制度、现代企业制度、现代产权制度和现代治理制度与中等职业学校的内部治理机构结合起来。根据现代企业制度理论，需要在混合所有制中等职业学校建立董事会、股东大会、监事会、校务委员会等内部治理机构。建立由混合所有制中等职业学校各投资主体组成的股东大会，股东大会是混合所有制中等职业学校的决策层，享有学校的所有权和重大事项的决策权。建立由校长、企业董事长、行业协会会长等组成的学校董事会，作为股东大会的常设机构，代表股东大会实施日常决策权，并对股东大会负责。建立由学校分管领导、学校部门领导、企业业务经理、企业技术骨干、行业业务负责人组成的校务委员会，校务委员会由股东大会提名选举产生并由董事会签约聘任。建立学校监事会，监事会一般由股东代表、教师代表、企业职工代表、学生代表和家长代表等组成，为了充分保障学生和家长的合法权益和话语权，学生代表和家长代表数应不少于监事会总人数的三分之一，为了保障教师和职工的合法权益和话语权，教师代表和企业职工代表数应不少于监事会总人数的三分之一，为了保证混合所有制中等职业学校国有资产的属性和国有资本的保值增值，监事会中也可以有政府相关部门的工作人员。

3. 建立混合所有制中等职业学校内部治理制度

制度是社会团体或个人的行为准则，是实现混合所有制中等职业学校有效治理的根本保证。在制定混合所有制中等职业学校内部治理制度时，我们应注意在国家现有相关法律框架、政策体系下，与现有的国家、地方政府相关政策相衔接，同时兼顾混合所有制中等职业学校自身的发展目标、人才培养质量、各参与方的利益诉求和自身发展、自身发展文化、效率与公平等要素。

4. 明确混合所有制中等职业学校法人属性

《中华人民共和国民法通则》规定，我国的法人包括机关法人、企业法人、社会团体法人和事业单位法人，此外还有民办非企业法人。根据民法总则要求的原则，根据办学目的的不同，把混合所有制中等职业学校的法人确定为事业单位法人或民办非企业法人，对于以公益办学为目的开办的混合所有制中等职业学校或进行混合所有制改革的中等职业学校，其法人认定为事业单位法人，学校与公办中等职业学校同等对待，享受国家的各项保障政策和政府公共财政支持，对于以经营营利为目的开办的混合所有制中等职业学校或进行混合所有制改革的中等职业学校，其法人认定为民办非企业单位法人，学校定性为民办学校，受《中华人民共和国民办教育促进法》制约，并享受相应的法律权益。

5. 加强混合所有制中等职业学校基层党组织建设

习总书记多次强调"党政军民学、东西南北中"党是领导一切的。在中等职业教育混合所有制改革中要充分发挥基层党组织"保稳定、谋全局、管方向、促发展"的政治堡垒和政治核心作用。探索基层党组织与股东大会、董事会、监事会之间的关系，基层党组织定方向、股东大会定战略目标和办学决策、董事会在基层党组织和股东大会双重指导下开展工作。探索实行基层党组织与与董事会双向互通、交叉任职的制度。

（四）加强混合所有制中等职业学校治理结构与治理机制的制衡

治理体系创新是中等职业教育混合所有制改革的重要内容，在构建起混合所有制中等职业学校的治理结构和治理机制之后，如何处理二者之间的关系成为了混合所有制中等职业学校治理体系创新的重要课题。建立科学合理、相互制衡的治理结构和治理机制，是混合所有制中等职业学校治理体系创新的重要内容，是混合所有制中等职业学校体现治理能力、发挥治理效能的重要方式。虽然，混合所有制中等职业学校能够依据市场经济规则和现代企业制度建立起股东大会、董事会和监事会等治理结构，能够基本形成决策权、执行权和监督权"三权分立"的治理机制，但是往往优化治理体系和投资主体实质性融合的系统性思考，从而导致公有资本或非公有资本"一家独大"、股东流动过快或过慢、缺乏对投资主体的有效监督等问题。因此，需要系统思考治理体系的优化问题、系统设计治理结构和治理机制的相互制衡，建立起各司其职、科学制衡、协调配合、运转高效的治理体制。

为此，要构建完善的股东大会、董事会、监事会的充分赋权、相互制衡、权责严明、责任追究的新型混合所有制中等职业学校治理结构。充分发挥党组织在混合所有制中等职业学校治理过程中的政治核心和政治堡垒作用，合理处理好党委领导和股东大会决策之间的关系，处理好党委引导与董事会执行的关系，处理好党委监督与监事会监督之间的关系。混合所有制中等职业学校在设置董事会、监事会时要充分保证"弱势"投资主体的决策权和话语权，保证他们在董事会和监事会中有一定席位，确保他们在办学过程中的权益，发挥他们在治理过程中的能力。同时，混合所有制中等职业学校应摒弃"股东至上"的传统认知，极力保障教职员工、企业员工、学生家长等其他利益相关方的权益，让他们中的代表有机会进入董事会和监事会，实现投资者、执行者、管理者、教职员工、学生家长等多方相互制衡的治理格局。

三、明确混合所有制中等职业学校产权归属和股权结构

（一）明确混合所有制中等职业学校的产权归属

混合所有制的特点决定了混合所有制改革主体具有非常复杂的产

权结构，这既为中等职业教育混合所有制改革创造了空间和潜力，又为中等职业教育混合所有制改革带来了问题和挑战。怎样界定不同性质投资主体所占有的产权、建立明确的产权归属和产权结构，进而明确不同性质投资主体的产权收益，成为进行中等职业教育混合所有制改革面临的首要问题。当前，中等职业学校混合所有制改革的最大障碍就是产权的归属和划分，因此，应尽快修订相关法律法规，增加中等职业教育混合所有制改革相关的法律内容，扩大相关法律界定的内涵，增加职业教育混合所有制改革产权方面的内容界定，既要界定包括国有资本和集体资本在内的公有资本在民办职业学校中的产权性质、归属、地位和保护，又要界定包括民营资本、个体资本、外国资本在内的非公有资本在公办职业学校中的产权性质、归属、地位和保护。

（二）合理分配混合所有制中等职业学校的股权结构

由于非公有资本的介入和投资主体的多元化，我们更应当通过科学的制度设计来保障混合所有制中等职业学校股权结构的合理性、保障股东主体的稳定性和合理流动的权利，进而保障各投资主体的合法权益获得和治理能力发挥。保障混合所有制中等职业学校股权结构的合理性和股东主体的稳定性及合理流动是发挥非公有制投资者主体地位、发挥混合所有制中等职业学校治理效能的重要途径。

1.确保混合所有制中等职业学校股权结构的恰当集中与分散

这里涉及股权集中度的问题，股权集中度通俗来讲就是公司中股权在股东群体中的集中程度，是衡量股权结构是否合理的重要指标，公司中的股权集中度越高，说明公司的股份在股东群体中越集中，大股东占有的公司股份越多，越容易造成"一家独大"的情况，对公司发展越不利。中等职业学校进行混合所有制改革后，引入非公有资本参与办学，学校中就存在多种性质所有权主体，其主要有两类，一类是公有资本，一类是非公有资本，二者不合理的股权结构会导致学校"一家独大"的缺陷。在中等职业教育混合所有制改革实践中，公有资本或非公有资本"一家独大"的现象还比较普遍，如果非公有资本入主公办中等职业学校，公有资本可能会存在"一家独大"的情况，非公有资本投资主体的话语权就不能够被保证，其在学校治理过程中的主体地位就不能够充分发挥。同理，如果公有资本入主民办中等职业学校，非公有资本同样可能会"一家独大"，公有制资本投资主体的话语权和治理主体作用就不能得到保障和发挥。因此，在中等职业教育混合所有制改革过程中，要防止"一家独大"的现象，在学校改革过程中构建适度集中与适度分散的公有股权和非公有股权多元化、多样化股权结构，来保证中等职业学校和企业在混合所有制改革过程中的均衡和制衡。

2. 保障股东主体的稳定性和合理流动的权利

混合所有制中等职业学校股东是否可以流动以及流动的频次会对学校办学产生重要影响，如果股东流动的频次低或者根本不能流动，会造成学校股权集中到固定的一个或几个大股东手中，如果监管不到位，容易导致这几个大股东权力过大，从而侵害小股东或整个学校的权益。在中等职业教育混合所有制改革实践中也往往出现这种问题，混合所有制中等职业学校中一般主要由学校和一个或几个主要企业出资成立，如果这几个主要企业占有大部分股权且长期固定，会导致这几个企业垄断学校办学的风险。反之，如果混合所有制中等职业学校股东流动频次过高、流动过快，则会导致学校股权结构的管理机构的不稳定，进而弱化学校股东对学校的归属感和上进心，不利于形成学校发展的凝聚力，还会出现学校股东"搭便车"以及短期逐利行为。因此，在中等职业学校混合所有制改革过程中，应关注股东主体的相对稳定性和合理流动性，构建相对稳定、合理流动、搭配科学、较高活力的股东主体。

四、完善中等职业教育混合所有制改革政策法律体系

（一）在法律上明确界定中等职业教育混合所有制改革的基本问题

现行法律缺少对职业教育混合所有制改革的相关界定是影响当前中等职业教育混合所有制改革的重要因素。为了改变这一现状，在相关法律体系中，明确中等职业教育混合所有制改革的定位和地位作用，界定中等职业教育混合所有制的产权和归属，划定可进行混合所有制改革探索的职业教育领域和法律底线，确保国有资产的保值、增值以及维护参与的学校教师和企业员工的权利义务、权益保护和福利待遇，设计混合所有制中等职业学校的办学方式等基本问题就显得异常紧迫。在相关法律中明确中等职业教育混合所有制的基本问题，可以为中等职业教育混合所有制改革提供法律保障和法治环境，让改革有法可依，进一步促进中等职业教育混合所有制改革。

（二）修订相关法律制度

修订《中华人民共和国教育法》和《中华人民共和国职业教育法》，明确包括国有资本、集体资本在内的公有制资本只能享有学校资产的增值收益，不能享受学校经营收益的利润分配，以体现公有制经济参与混合所有制改革的公益性，同时防止国有资产的流失；规定学校资产评估、清算、流动的原则、方法、标准、监督等事项，增加职业教育混合所有制改革的性质、原则、产权、保障等法律内容，从根本上确立混合所有制中等职业学校的合法性，确立混合所有制中等职业学校法人地位的合法性。修订《中华人民共和国民办教育促进法》和《中华人民共和国民办教育促进法实施条例》，放宽民办教育的产权属性，突破民办教育的公益性范畴，加强非公有资本在参与中等职业教育混合所有制改革过程中相关权益的保护，疏通非公有资产在中等职业教育混合所有制改革过程中的退出、转让、交易渠道，做出建立民办教育产权自由流通市场的制度安排，为非公有资本参与中等职业

教育混合所有制改革获取经济收益扫清法律障碍。制定配套政策制度，专门出台《中等职业教育混合所有制办学指导意见》，明确中等职业学校进行混合所有制改革的形式方式、改革措施、产权结构、治理体系、运行机制、保障机制等基本问题。

（三）出台相关地方法规

由于中等职业教育实行属地化管理，地方政府出台的地方法规对中等职业教育混合所有制改革同样重要。地方政府出台中等职业教育混合所有制改革配套政策和实施细则，对混合所有制中等职业学校的办学资质、办学标准、财政资金投入、人员身份、福利待遇等具体问题进行进一步明确。形成中央地方法律要求相互衔接、法律内容相互配合、法律内涵涵盖全面、法律权责清晰明确的中等职业教育混合所有制改革政策法律体系。制定相应的地方财政扶持政策，对于参与中等职业教育混合所有制改革的企业和学校给予一定的财政补贴或财税优惠政策，制定混合所有制中等职业学校的治理结构和运行制度，避免各参与者的"利益争夺"和"过度逐利"行为。

五、优化中等职业教育混合所有制政府供给

（一）完善政府顶层改革设计

营利是企业追求的最终目的，只有让企业在参与中等职业教育混合所有制改革后获得的利润大于不参与中等职业教育混合所有制改革时获得的利润，企业等非公有资本才有足够的动力参与中等职业教育混合所有制改革。虽然混合所有制中等职业学校可以盈利，但是企业从中获得的实际利润相对于纯商业型企业要少很多，因此就需要充分发挥政府的支持作用，通过完善的顶层设计来提升参与中等职业教育混合所有制改革的企业获得的实际利润和实际效益：出台政策文件，明确混合所有制中等职业学校的单位性质、法人属性、法律地位、运行规范等要素，阐明中等职业教育混合所有制改革的重要意义和现实

需求，为中等职业教育混合所有制改革营造良好的改革氛围和舆论环境。由于中等职业教育混合所有制改革各参与方之间的关系是分散的、不可控的和不隶属的，因此，政府应积极引导、协调各方打破原来的互相独立的隔阂和界限，建立紧密的组织结构，形成密切的合作关系，提高各相关方参与中等职业学校混合所有制改革的积极性。

（二）加强政府各部门协同配合

中等职业教育混合所有制改革涉及多个政府部门，需要教育部门、财政部门、人力资源部门、编制部门、工商部门、税务部门等多个部门协同配合、共同推进，仅教育部门无法实现企业、行业的真正介入，无法形成教育与产业的真正融合。因此，政府各部门应统一思想，提高对中等职业教育混合所有制改革重要性的认识，积极为中等职业教育混合所有制改革提供支持。政府各部门应增强协同意识、补位意识，互相协作、密切配合，积极推动中等职业教育混合所有制改革的顺利进行。政府各部门应增强改革创新意识，在不违背法律原则的基础上，勇于突破政策壁垒，积极寻求解决中等职业教育混合所有制改革过程中各参与方遇到的障碍和难题。

（三）加大简政放权力度

各级政府和教育行政部门要梳理自身行政职责，制定权力清单，调整直接管理项目，把混合所有制中等职业学校的重大问题决策、发展愿景、专业设置、招生计划、人员管理、教师聘任、质量考核评估等方面的办学自主权下放给学校，给予混合所有制中等职业学校充分的发展空间，让混合所有制中等职业学校在各方协同合作的基础上，依据契约章程进行自主运行。在加大简政放权的同时，政府还应加强混合所有制中等职业学校办学行为的监管，规范混合所有制中等职业学校的办学程序和办学行为，各级政府和教育行政部门要加强对混合所有制中等职业学校宏观引导和行为规范，要确保党的教育方针的落实和教育法律规章的执行，把控好混合所有制中等职业学校的功能定位和办学方向，确保混合所有制中等职业学校的公益性、合法性和科学性，监控国有资产运行情况并防止国有资产流失和贬值，加大混合所有制中等职业学校办学效益的考核力度。

（四）加大政策支持力度

中等职业教育混合所有制改革离不开政府的大力支持：一是政府要给予参与中等职业教育混合所有制改革的企业税收优惠、减免、补偿等优惠政策，给予进行混合所有制改革的中等职业学校招生、专业审批、合作办学、土地使用、专项补助等优惠政策，建立社会资本参与中等职业教育混合所有制改革"正面清单"和"负面清单"；二是构建混合所有制中等职业学校评价标准体系，建立评价制度和奖惩制度，确保中等职业教育混合所有制改革方向和办学质量；三是加大财政资金投入力度，目前我国政府主要采取分级投入的方式发展职业教育，政府出资的项目必须具有鲜明的公益性特征。由于中等职业教育混合所有制改革是一项没有太多经验可以借鉴的创新性工作，在改革过程中肯定会遇到各种困难和挑战，政府应该设立中等职业教育混合所有制改革专项投资基金，对于遇到改革困难的中等职业学校及时给予资金支持，通过政府提供的助学贷款、助学金、奖学金等形式，加强对混合所有制中等职业学校困难学生的支持力度。建立以实际办学绩效为标准和导向的政府购买服务制度，通过政府委托、学校主动申请承接等方式实现政府和学校双赢。改革中等职业教育办学经费以学生规模为投入依据的现状，为民办中等职业教育和行业办中等职业教育注入资金，引导鼓励企业、行业、社会团体等社会力量捐资助学。

（五）降低企业准入门槛

企业参与中等职业教育混合所有制改革不仅需要政府的大力支持和引导，还需要相对宽松的政策环境，这是企业积极参与中等职业教育混合所有制改革的重要前提。相对宽松的政策环境除了政府部门决策者的观念转变外，最主要的就是降低企业参与改革的准入门槛，让非公有资本有充分的自由和空间参与到中等职业教育混合所有制改革中来。目前，政府对企业，尤其是非公有制企业参与公办中等职业教育办学还有一定的鼓励，存在企业资质、规模、审批、准入上的条件要求，这客观上阻碍了企业的参与热情。因此，政府破除行政化思维，打破行政化体制，放开准入要求，鼓励非公有资本按照"自愿参与、权益对等、风险共担、利益共享"的原则参与中等职业教育混合所有制改革，允许企业管理人员进入学校董事会和监事会，允许学校聘用企业技术人员作为兼职教师，支持公有资本与非公有资本在学校办学过程中的深度融合。但是，在降低企业准入门槛的同时，也应该界定非公有资本参与学校治理的合理边界，政府可以探索建议非公有资本参与中等职业学校混合所有制改革的"负面清单"制度，对非公有资本的参与边界进行界定，划定非公有资本主体的行为"禁区"，并对违规的非公有资本进行惩罚。同时加强对非公有资本在学校参与过程和运行过程的监督管理，做到公平公正竞争、所有经济实体平等对待。

（六）稳步开展试点工作

我国各地区经济发展水平存在差异，各地区的经济发展环境和社会人文环境不尽相同，各地的教育环境和中等职业教育发展现状也不尽相同。因此，应根据各地区域社会经济发展现状、区域中等职业教育发展情况和区域中等职业教育混合所有制改革需求，在条件成熟的地区，鼓励引导开展中等职业教育混合所有制改革试点，"摸着石头过河""以点带面"，积累改革经验、发现改革问题、探索改革策略、拓宽改革路径、完善改革机制、提炼典型经验。中等职业教育混合所有制改革也存在一定的改革风险，需要在防控改革风险的前提下，稳步开展试点工作，逐步有序推进中等职业教育混合所有制改革：一是科学确定试点地区和试点学校，综合和考虑区域社会开放程度、区域经济发展状况、区域改革意愿和中等职业学校实际情况，确定试点地区和试点学校，保证中等职业教育混合所有制试点工作顺利进行；二是为试点工作提供充分保障，组成由教育行政主管部门、人社部门、经信部门、国资部门、纪监部门、相关行业协会等共同组成的中等职业教育混合所有制改革保障小组，为改革提供引领的同时，破解改革过程中遇到的实际问题和困惑，为改革提供综合保障；三是借助平台优势，充分利用全国职业教育混合所有制办学联盟、中国职业技术教育学会相关专业委员会等学术平台，及时交流总结各地中等职业教育混合所有制改革过程中取得的经验教训，交流遇到的困难问题和解决策略，互相学习提高。

六、保障混合所有制中等职业学校各参与方的资本权益

（一）保障各参与方法人财产权

法人财产权是中等职业教育混合所有制改革中法人的一项根本权利，是混合所有制中等职业学校根本物质保障和运行基础。公办中等职业学校由于是政府出资办学，从理论上看其法人财产权不具备实际独立性，民办中等职业学校法人财产权具有明确的独立性，混合所有制中等职业学校的法人拥有财产所有权而整个学校拥有法人财产权中的使用权、分配权和经营权。目前混合所有制中等职业学校法人财产权方面存在的问题基本都是由于相关法律制度缺陷或缺失造成的，这其中《中华人民共和国民办教育促进法》本应发挥的作用没有充分发挥或全面发挥。法律应该保护每个组织和个人的合法产权权利，这既包括公有经济组织和个人又包括私有经济组织和个人，在中等职业教育混合所有制改革实践中，相关法律法规既应该保护国有资产保值增值也应该保护非公有资本的相应权利。

1. 建立与法人财产权相一致的股权权益

为保证股权的客观性，避免其因法人类型在选择上的主观性而破坏，避免股权权属因校而异的现象，应当建立与混合所有制中等职业学校法人财产权相一致的完整的股权权益，而且这些股权权益仅属于

混合所有制中等职业学校的实际出资人。

2. 保证混合所有制中等职业学校实际出资人的产权流动

产权流动是指产权在不同主体之间的转移流动，对于保护出资人权益、维护学校正常运转至关重要。为此，应当在政策上承认混合所有制中等职业学校实际出资人的产权，并允许出资人进入董事会来实现对其产权的控制，应当在出资人不影响学校正常办学、不影响资产保值稳定的情况下，对学校资产进行转让、继承和使用。

3. 保障非公有出资人的财产收益

在中等职业教育混合所有制改革中，如果只考虑公有资本的增量而不考虑非公有资本的增量，只关注公有资本的保值增值而不关注非公有资本的保值增值，是违背基本法律精神的。为此，应当让非公有出资人根据股权比例获得其资产在办学过程中产生的实际收益，即便在非盈利性质的混合所有制中等职业学校中，也应当在解决好办学资产增量界定、办学资产增量标准和办学资产增量转化途径等问题的基础上，允许非公有出资人获得一定的财产收益。

（二）保护好各参与方产权

产权（Property Rights），"是通过一种社会强制而实现的对某种经济物品的多种用途进行选择的权利"[①]。中等职业教育混合所有制改革其根本问题就是对不同性质的所有制资本的产权进行改革，产权是中等职业教育混合所有制改革各参与主体的重大关切和利益所在，因此赋予和保护好各不同性质所有制参与主体的产权，对于各参与主体和整个中等职业教育混合所有制改革都至关重要。俞敏洪在全国"两会"期间曾提出：不少想投资教育的人，最终因产权不明、定位不清而放弃，社会力量参与投资办学积极性受到压抑。

_____

① [英]约翰·伊特韦尔等. 新帕尔格雷夫经济学大辞典 [M].陈岱孙主编译.北京：北京经济科学出版社，1996:101.

在中等职业教育混合所有制改革过程中，在不同所有制主体产权保护上还存在一些不可回避的问题：一是相关产权保护法律制度不健全。目前我国的法律体系中，对于教育混合所有制改革参与主体产权保护的规定仍然欠缺，《中华人民共和国宪法》是我国的根本大法，是我国法制体系的基石，其中，第六条规定："国家在社会主义初级阶段，坚持公有制为主体、多种所有制经济共同发展的基本经济制度"，相关表述中没有对"多种所有制经济"的保护进行明确规定；《中华人民共和国职业教育法》是职业教育发展的基本法，其中只提到了"国家鼓励通过多种渠道依法筹集发展职业教育的资金"，而没有对筹集资金来源主体进行保护的相关条文。目前仅有的对所有制产权保护的要求来自于党的十八届三中全会通过的《中共中央关于全面深化改革若干重大问题的决定》指出"国家保护各种所有制经济产权和合法权益"。二是公有与非公有参与主体的产权保护存在区别。从历次的《中华人民共和国宪法》修正案中课题看出，对于国有资本和民营资本的规范上的细微差别，从"社会主义的公共财产神圣不可侵犯"到"公民的合法私有财产权不受侵犯"，可以看出对公有经济和非公有经济在法律保护上的不同。从目前的职业院校混合所有制改革实践来看，非公有资本参与的积极性没有被调动起来，其中一个最主要的原因就是非公有资本进入公办背景的职业院校后，在公有资本不主动退出的情况下，非公有资本永远属于少数，缺少足够的话语权，相应的权益得不到保障。三是中小资本参与主体产权保护不够。在中国特色社会主义基本经济制度下，公有资本无疑要比非公有资本更加重要，那么非公有资本中的中小资本可能会被放在相对不被重视的位置上。中等职业教育混合所有制改革主要是指公有资本和非公有资本的混合，在中等职业教育混合所有制改革中，各参与主体根据投入资本的大小来确定相应的产权比例和利益分配，同时决定了管理机构的名额占比和话语权，非公有资本中的中小资本由于产权占比较低、管理机构中的名额较少，话语权和利益分配上占有一定劣势，一直处于弱势的地位。加之保护中小资本产权的外部法治体系不健全，导致对参与中等职业教育混合所有制改革的中小资本主体保护不够。

为此，为了更好地保护中等职业教育混合所有制改革各参与主体的产权，应该做到以下几点。

1. 构建中等职业教育混合所有制改革产权保障的法律体系

我国社会主义市场经济的基石是信用、契约和产权保护，只有完善的保护产权的法律制度，才会有改革、才会有创新、才会有中等职业教育混合所有制改革。习总书记指出，任何重大改革都要有相应的法律依据。因此，在中等职业教育混合所有制改革过程中，涉及公有资产的保值增值、公有资本的有效运作、公有产权的保护、非公有资本和非公有产权的保护等问题，错综复杂，需要运用法治思维、树立法治观念，利用法律规范保障中等职业教育混合所有制改革的顺利开展。修订《中华人民共和国职业教育法》，增加保障职业院校混合所有制改革的相关条文，出台相应的中等职业教育混合所有制改革配套政策文件，细化法律要求，明确不同性质参与主体产权的法律地位和保护措施，修订《中华人民共和国民办教育促进法》，增加引入公有资本的民办职业院校公有产权的法律地位、产权归属、资产保护等法律条文，并出台相应的配套措施进行细化。

2. 平等对待、共同保护公有产权和非公有产权

中性原则是社会主义市场经济应该遵守的基本原则，不管是公有资产还是非公有资本都应该平等对待，不能戴着有色眼镜去看待和对待非公有资产。《中共中央关于全面深化改革若干重大问题的决定》中提出"国家保护各种所有制经济产权和合法权益"，最高人民法院颁布的《最高人民法院关于依法平等保护非公有制经济促进非公有制经济健康发展的意见》中提出"对产权有争议的挂靠企业，要在认真查明投资事实的基础上明确所有权，防止非法侵占非公有制经济主体财

产"。上述这些法律法规为非公有产权提供了法律保障，这也是中等职业教育混合所有制改革中保护非公有产权的法律依据。为此，法律机构应当继续细化相关法律措施，出台配套政策制度，为参与中等职业教育混合所有制改革的非公有资本产权提供明确的法律依据，同时执法部门应当严格执法，平等对待公有产权和非公有产权。

3. 重点保护非公有中小资本参与主体的产权

《中国人民共和国宪法》第十三条规定"国家为了公共利益的需要，可以依照法律规定对公民的私有财产实行征收或者征用并给予补偿"，这就为保护参与中等职业教育混合所有制改革的非公有中小资本参与主体的产权留下了法律突破口。在现有的保护非公有资本产权的法律法规基础上，树立"不论大小资本参与主体一律平等"的理念，在混合所有制中等职业学校办学过程中，保障非公有中小资本参与主体的话语权和相应政治权利，让非公有中小资本参与主体拥有足够的权力保护自身应得利益，加大侵害非公有中小资本参与主体行为的执法力度，重点保护非公有中小资本参与主体的产权和应得利益。

（三）加强出资人资产管理，保障其资本收益

完善混合所有制中等职业学校实际出资人的资产评估。在中等职业教育混合所有制改革过程中，以公办中等职业学校为代表的公有资产、以社会企业为代表的非公有资产、改革过程中形成的收益资产以及各种资产的转让流动，共同构成了混合所有制中等职业学校复杂的资产结构和资产形态。这些复杂的资产可以大体分为两类，一类是有形资产，一类是无形资产，这些资产在复杂的资产结构和形态中的价值评估，就成了中等职业学校混合所有制改革的重要难题。有形资产主要包括实物、资金等，可以通过货币手段进行评估来确定其实际价值，但是知识产权、师资人力、办学质量、学校品牌、生产技术、管理要素等无形资产因缺少比较明确的货币表现形式而成为资产评估的堵点。产权清晰、权责明确是中等职业教育混合所有制改革的重要基

础，在复杂结构和形态中的学校资产必须要进行明确的资产评估。因此，在中等职业学校混合所有制改革之初就要明确界定各参与的投入资本的折算标准和货币价值，确定明确的股本和股权，公办中等职业学校的实物资本可以在坚持所有权不变原则的基础上，将使用权折算成股权，或以资产清理、封存建账的方式，由第三方评估机构评估货币价值，经相关政府部门同意后，以一定价格出租给学校用作办学。混合所有制中等职业学校的无形资产可以作为技术服务、产品服务、培训合作的方式参与混合所有制办学。

建立混合所有制中等职业学校实际出资人合理回报制度。不论是公有资本出资人还是私有资本出资人，参与中等职业教育混合所有制办学都有其功利性需求，公有资本需要保值、增值，非公有资本需要获取更多利润，当然这也是在混合所有制中等职业学校办学过程中应该肯定和保障的合理诉求。漠视实际出资人的这种利益诉求，将无法激发各实际出资人的参与热情，进而削弱各类资本参与中等职业教育混合所有制改革的积极性。保障实际出资人的利益诉求，可以激发各方的参与热情，使参与各方将实际的物质利益与其参与办学的努力结合起来。这些利益诉求可以是物质利益也可以是精神激励，这其中物质利益更为关键，投资回报是其关注核心。为此，混合所有制中等职业学校应充分关注各出资方的利益诉求，在分配利润时对其充分考虑，允许各方获得合理回报。可依据已有的政府对非营利性民办学校的相关回报制度，出台相应的政策，建立允许各实际出资人从办学的结余中获取一定比例的经费作为出资回报。出资回报以出资人实际出资比例为基数，进行合理折算。此外，混合所有制中等职业学校对社会提供的有偿服务获得的收益，也可以按一定比例提取作为实际出资人的出资回报。

保证混合所有制中等职业学校实际出资人的资本合理退出和流动。混合所有制中等职业学校实际出资人资本的流动频率和流动自由也直接影响到中等职业教育的混合所有制改革，混合所有制中等职业学校建立合理的资本退出机制，可以保障实际出资人的资本通过股份回购、利润抽取和股权转让等形式实现退出。保障实际出资人资本的退出，可以减少实际出资人参与中等职业教育混合所有制改革的顾虑，使他们积极地投入到改革当中。一方面，由于教育的公益属性，其提供的产品和服务均是公共产品和公共服务，是群众社会生活的必需品，在一定程度上无法被替代，所以合理的退出制度需要配合外部严格的监管制度才能实现，需要政府对混合所有制中等职业学校办学进行一定范围内和一定程度上的干预，保证学校的教育供给责任，对学校的退出做出相应的制约。另一方面，合理的退出和流动制度还要依靠混合所有制中等职业学校在治理过程中各实际出资人权益分配和实现做出的合理制度安排，也就是说合理的资本退出和流动制度应该是和整个混合所有制中等职业学校的制度安排是相适应的。因此，在中等职业教育混合所有制改革之初，就要综合考虑上述需求和要素，全面、科学、合理地构建学校治理体系和相关制度。

七、完善混合所有制中等职业学校外部发展环境

（一）建立开放适宜的学校外部发展环境

开放公平的市场运行环境是混合所有制中等职业学校运行的基础和保障。充分发挥市场自身的调节作用，减少行政干预，在专业设置、招生就业、课程建设、学校管理等方面紧密围绕市场需求，围绕市场需求办学。在中等职业教育中进行混合所有制改革尚属新生事物，社会公众的认识、了解、接受需要一个过程，尤其是目前社会上普遍存在的对职业教育的"偏见"，普遍形成的"非公即私"的社会观念，使中等职业教育混合所有制改革的社会舆论环境不够理想，因此，要发挥政府舆论宣传导向作用，充分利用各种舆论宣传工作，主动宣传、推介混合所有制改革对中等职业教育发展和社会经济发展的重要意义，

让全社会尤其是中等职业教育混合所有制各参与方了解、熟悉、接受混合所有制改革，为中等职业教育开展混合所有制改革创造良好的社会舆论环境。

（二）建立完善有序的学校外部市场环境

混合所有制中等职业学校发展要依赖外部的市场环境，完善有序的外部市场环境是混合所有制中等职业学校发展的重要保障，哈耶克认为：只要市场上买卖双方竞争是充分的，市场秩序就自然而然形成。因此，完善有序的市场很大程度上取决于市场是否是完全竞争的市场。现代经济学界认为，完全竞争的市场是市场有效配置资源的基础，完全竞争的市场即对于任何商品，在任何时间、任何地点、任何自然状态下都处在完全竞争市场之中，大量理性、追求自身利益最大化的消费者与大量理性、追求利润最大化的厂商之间的相互影响、相互作用。[①]但是在现实生活中，由于市场主体不明确、市场体系不完善、市场秩序不规范、市场信息不对称等原因，理想状态下的完全竞争的市场是不存在的，这就需要采取一系列措施来促成完全竞争的市场，使市场环境更加完善有序。

1. 培育参与中等职业教育混合所有制改革的市场主体

大量理性、追求自身利益最大化的消费者与大量理性、追求利润最大化的厂商都是市场主体，是市场运行的微观基础，是中等职业教育混合所有制改革的参与主体，这些市场主体可以是公有经济，也可以是非公有经济。中等职业教育混合所有制改革应该加大非公有经济、社会力量的培养力度，大力引导非公有经济、社会力量通过合作、合资、参股、联营等形式参与改革：一是从制度上明确各参与改革的市场主体的法律地位，明确政府、企业、行业、社会团体等参与中等职

---

① 洪银兴. 关于市场决定资源配置和更好发挥政府作用的理论说明 [J]. 经济理论与经济管理，2014(10):5-13.

业教育混合所有制改革的市场主体具有同等的法律地位，各参与主体具有平等的权利和义务，具有平等地享受优惠政策的权力，具有平等地履行责任的义务；二是在中等职业教育混合所有制改革过程中，采用公开招聘、公开选聘、合同协议等市场化竞争手段，进行合作企业选拔、校长聘任、相关人员聘任、试点单位选拔等；三是适度降低改革准入门槛，丰富中等职业教育混合所有制改革供给主体，建立中等职业学校现代法人治理结构，让更多的行业企业等社会力量能够参与进来。

2. 完善中等职业教育混合所有制改革的外部市场体系

市场是社会资源配置的载体，是社会成员或单位发生交易行为的场所，社会成员或单位能够通过在市场中的交易行为获得自身利益，进一步促进社会整体福利的最大化。完善的外部市场体系不仅有助于混合所有制中等职业学校建设要素的高效流动和有效配置，而且有助于混合所有制中等职业学校外部的治理体系构建。建立完善的中等职业教育混合所有制改革外部市场体系，一个方面要求中等职业教育领域的相关技术、知识、资本等要素进入外部市场体系进行配置，另一方面要求外部市场体系中的相关技术、知识、资本等要素进入中等职业教育领域，同时降低交易成本，提高交易效益，促进要素流动，合理配置各要素：一是充分发挥区域行政部门的统筹协调功能，有序开展公办中等职业学校产权重组，厘清产权结构，确定产权归属，划分产权比例，通过行政部门的统筹协调来降低市场交易成本；二是依托原有的资本市场、人力资源市场、产权市场等载体，尽可能地减少资源要素配置中的行政干预，充分发挥市场在中等职业教育领域的相关技术、知识、资本等要素配置中的决定性作用。

3. 规范中等职业教育混合所有制改革的外部市场秩序

有序的外部市场是中等职业教育混合所有制改革的基础保障，由于社会单位和成员的逐利特性，每个单位或成员会尽可能地追求自身利益最大化，这就可能产生扰乱甚至是破坏市场秩序的行为，加之普遍存在的信息不对称导致的"搭便车""道德风险"等机会主义行为，市场秩序会受到极大的挑战。为此，需要采取严格措施保障市场秩序：一是建立第三方评价机制，深化管、办、评分离改革，着力推进政企分离、政社分离，建立一批专业的第三方中等职业教育独立评价机构，以社会需求和企业需求为导向，加强对混合所有制中等职业学校办学质量、育人质量的评估；二是建立国家"职业资格框架"制度，建立国家职业资格证书体系，据此开发混合所有制中等职业学校课程体系，明确培养目标和培养内容；三是完善社会信用体系，建立社会成员信用信息留痕和记录收集制度，构建覆盖校长、教师、家长、企业管理人员、企业员工等参与中等职业教育混合所有制改革各方个体成员的社会信用体系，强化与全国信用信息共享平台信息的共享和互换；四是营造诚实守信的市场环境和劳动光荣的社会氛围，提升一线技能劳动者的福利待遇和社会认可度，提升一线技能劳动者的荣誉感和自豪感，引导更多人才到一线从事技能劳动。

参考文献

[1] 李正图. 混合所有制经济研究 [M]. 上海：上海社会科学院出版社, 2016.

[2] 中共中央马克思恩格斯列宁斯大林著作编译局. 马克思恩格斯全集（第 24 卷）[M]. 北京：人民出版社, 1972.

[3] 中共中央马克思恩格斯列宁斯大林著作编译局. 马克思恩格斯全集（第 25 卷）[M]. 北京：人民出版社, 1974.

[4] 唐林伟. 职业教育办学模式论纲 [J]. 河北师范大学学报（教育科学版）, 2010(5):96–100.

[5] 欧阳河等. 职业教育基本问题研究 [M]. 北京：教育科学出版社, 2006.

[6] 徐国庆. 职业教育办学模式研究的分析框架 [J]. 职教论坛, 2013(19):14–21.

[7] 唐智彬. 农村职业教育办学模式改革研究 [D]. 上海：华东师范大学, 2012.

[8] 陈旭峰. 职业教育办学模式改革研究：回顾与展望 [J]. 现代教育管理, 2011(2):39–42.

[9] 周晶. 中国职业教育发展的根本方向——40 年来职业教育产教融合发展的历程、规律与创新 [J]. 职业技术教育 , 2018(18):6-16.

[10] 郭景扬. 学校素质教育办学模式研究 [M]. 徐州 : 中国矿业大学出版社 , 2001.

[11] 田玉兰 , 田玉晶. 高等职业教育办学模式的比较研究 [J]. 金融理论与教学 , 2002(5):60.

[12] 潘懋元 , 邬大光. 世纪之交中国高等教育办学模式的变化与走向 [J]. 教育研究 , 2001(03):3-7.

[13] 董泽芳. 现代高校办学模式的基本特征分析 [J]. 高等教育研究 , 2002(5):60.

[14] 顾明远. 教育大辞典 [M]. 上海 : 上海教育出版社 , 1999.

[15] 郭静. 高等职业教育办学模式存在的问题及对策研究 [D]. 郑州 : 郑州大学 , 2007.

[16] 翟文明 , 李冶威. 现代汉语大辞典 [M]. 北京 : 光明日报出版社 , 2003.

[17] 中共中央毛泽东选集出版委员会. 毛泽东选集 : 第一卷 [M]. 北京 : 人民出版社 , 1952.

[18] 陈婴婴. 职业机构与流动 [M]. 北京 : 东方出版社 , 1995.

[19] 邓伟志. 社会学辞典 [M]. 上海 : 上海辞书出版社 , 2009.

[20] 国家职业分类大典和职业资格工作委员会. 中华人民共和国职业分类大典 [M]. 北京 : 中国劳动社会保障出版社 , 1999.

[21] 闻友信 , 杨金梅. 职业教育史 [M]. 海口 : 海南出版社 , 2000.

[22] 现代汉语辞海编委会. 辞海 [M]. 北京 : 光明日报出版社 : 2002.

[23] 中国大百科全书出版社编辑部. 中国大百科全书·教育卷 [M]. 北京 : 中国大百科全书出版社 , 1985.

[24] 张家祥 , 钱景舫. 职业技术教育学 [M]. 上海 : 华东师范大学出版社 , 2001.

[25] 邹韬奋. 职业教育的理论基础 [M]. 中华职业教育社, 1933.

[26] 辞源 [M]. 北京：商务印书馆, 1949.

[27] 何倩儒，郑文汉. 职业教育名词简释 [M]. 北京：中华职业教育社, 1934.

[28] 黑格尔. 小逻辑 [M]. 贺麟译. 北京：商务印书馆, 1980.

[29] 洪宝书. 教育本质与规律 [M]. 成都：成都科技大学出版社, 1992.

[30] 南海. 论"职教系的'九大属性'" [J]. 职教论坛, 2004(5):33-36.

[31] 陈向明. 质的研究方法与社会科学研究 [M]. 北京：教育科学出版社, 2000.

[32] 马克思·韦伯. 新教伦理与资本主义精神 [M]. 于晓，陈维纲等译. 北京：生活·读书·新知三联书店, 1987.

[33] 乌杰. 协同论与和谐社会 [J]. 系统科学学报, 2010(1):1-5.

[34] 单培勇. 中国国民素质学论纲 [M]. 北京：当代中国出版社, 2002:207.

[35] 孙琳. 职业教育的发展空间分析——兼论职业教育功能的转变与适应 [J]. 职业技术教育, 2002(7).

[36] 申家龙. 社会学视野下的职业教育——层次与体系 [J]. 职业技术教育, 2003(19):13-16.

[37] 汝信等. 2004 年中国社会形势分析与预测 [M]. 北京：社会科学文献出版社, 2004.

[38] Williamson, J.G., 'Migration and urbanization', in H. Chenery and T.N. Srinivasan(eds), Handbook of Development Economics, Volume Ⅰ, [M]. Amsterdam: Elsevier Science Publisher B.V., 1998.

[39] 陈吉元. 中国农业劳动力转移 [M]. 北京：人民出版社, 1993.

[40] 阚大学. 普通教育与职业教育对城镇化影响的比较研究：基于

水平、质量和结构视角 [EB]. 全国教育科学规划领导小组办公室网站，http://onsgep.moe.edu.cn/edoas2/website7/level3.jsp?infoid=1335254564530193&id=1545880953312231&location=.2018.12.17, 2018-12-17.

[41] 张建武，李永杰，陈斯毅. 广东省外贸出口变动对就业的贡献 [J]. 广东经济，2000(5):28-31.

[42] 西奥多·W.舒尔茨. 改造传统农业 [M]. 梁小民译. 北京：商务印书馆，1999.

[43] 西奥多·W.舒尔茨. 论人力资本投资 [M]. 吴珠华译. 北京：北京经济学院出版社，1990.

[44] 中共中央马克思恩格斯列宁斯大林著作编译局. 马克思恩格斯全集（第23卷）[M]. 北京：人民出版社，1974.

[45] 冯建军. 教育转型：内涵与特点 [J]. 教育导刊，2011(9):5-8.

[46] 中共中央马克思恩格斯列宁斯大林著作编译局. 马克思恩格斯全集（第1卷）[M]. 北京：人民出版社，1956.

[47] 祁型雨. 利益表达与整合——教育政策的决策模式研究 [M]. 北京：人民出版社，2006.

[48] 马健生. 论教育改革过程中的利益冲突 [J]. 教育科学，2002(4).

[49] [美] 罗伯特·K.默顿. 社会研究与社会政策 [M]. 林聚任等译. 北京：生活·读书·新知三联书店，2001.

[50] 张卓元. 政治经济学大辞典 [M]. 北京：经济科学出版社，1998.

[51] 中共中央马克思恩格斯列宁斯大林著作编译局. 马克思恩格斯全集（第47卷）[M]. 北京：人民出版社，1979.

[52] [英] 迈克尔·波兰尼. 个人知识：迈向后批判哲学 [M]. 许泽民译. 贵阳：贵州人民出版社，2000.

[53] 翟海魂. 发达国家职业技术教育历史演进 [M]. 上海：上海教育出版社，2008.

[54] 石伟平. 比较职业技术教育 [M]. 上海：华东师范大学出版社，

2001.

[55] 吴敬琏. 思考与回应：中国新型工业化道路的抉择（上）[J]. 学术月刊, 2005(12):38-45.

[56] 吴雪萍. 国际职业技术教育研究 [M]. 杭州：浙江大学出版社, 2004.

[57] 李江源. 教育传统与教育制度创新 [J]. 教育理论与实践, 2003(6):19-23.

[58] [奥地利] 维特根斯坦. 哲学研究 [M]. 李步楼译. 北京：商务印书馆, 1996:59.

[59] 张同钦, 杨锋. 秘书学概论 [M]. 北京：中国人民大学出版社, 2011.

[60] 罗必良, 曹正汉, 张日新. 观念、教育观念与教育制度——基于新版经济学的分析 [J]. 高等教育研究, 2006(1):58-63.

[61] 陈桂生. "教育学视界" 辨析 [M]. 上海：华东师范大学出版社, 1997.

[62] 周明星, 汪开英. 现代职业教育之理念探微 [J]. 河北师范大学学报（教育科学版）, 2003(4):53-57.

[63] 高金岭. 教育产权制度研究——基于新制度经济学的分析框架 [M]. 桂林：广西师范大学出版社, 2004.

[64] 万卫. 混合所有制职业院校发展研究——基于独立学院产权的视角 [M]. 桂林：广西师范大学出版社, 2016.

[65] 王云清. 混合所有制实训基地建设的研究与实践 [M]. 北京：知识产权出版社, 2018.

[66] 潘海生, 韩喜梅, 何一清. 竞争与规制：职业院校混合所有制办学的治理逻辑 [J]. 教育发展研究, 2019(9):63-70.

[67] 王俊杰. 高等职业教育混合所有制改革的基本定位及其实践路径 [J]. 中国高教研究, 2017(6):104-110.

[68] 王坤，谢笑天，吕杰杰. 论职业教育混合所有制改革的科学化品格 [J]. 职教论坛，2016(19):35-38.

[69] 吕延岗，田晓玲，张红瑞. 我国混合所有制办学的政策变迁与实践探索 [J]. 石家庄职业技术学院学报，2019(2):12-18.

[70] 雷世平，李尽晖. 我国混合所有制高职院校法人财产权研究 [J]. 职教论坛，2019(5):32-36.

[71] 吴显嵘. 新时代视域下混合所有制职业学校改革探究 [J]. 教育与职业，2019(10):19-25.

[72] 郭盛煌. 职业教育混合所有制办学的典型业态、实践之惑与治理路向 [J]. 教育与职业，2018(7):13-19.

[73] 马超，李金梅. 职业教育混合所有制办学的现实困境及应对策略 [J]. 中国成人教育，2019(8):28-32.

[74] 胡亚学，周常青. 职业教育混合所有制办学机构的治理机制探析 [J]. 黄冈职业技术学院学报，2018(6):94-97.

[75] 刘更生，张彤. 职业教育混合所有制发展问题研究 [J]. 职教论坛，2018(8):14-20.

[76] 谢笑天，王坤. 职业教育混合所有制改革的产权保护研究 [J]. 职教论坛，2016(22):26-29.

[77] 励效杰. 职业教育混合所有制改革的目标和路径 [J]. 职业技术教育，2017(22):15-19.

[78] 王刚. 职业教育混合所有制改革利益冲突中的政府行为研究 [J]. 职业技术，2018(5):1-3.

[79] 王刚. 职业教育混合所有制改革相关利益主体的博弈分析 [J]. 河北职业教育，2017(4):5-8.

[80] 张如鑫，李薪茹，韩永强. 职业教育集团混合所有制办学的构设及推进思路 [J]. 教育与职业，2018(13):52-56.

[81] 魏延胜，刘玲. 职业院校混合所有制办学刍议 [J]. 河南教育

（职成教），2019(Z1):39-44.

[82] 王安兴，何文生. 探索混合所有制办学 加快发展现代职业教育 [J]. 中国职业技术教育，2014(21):133-137.

[83] 潘国强，章正伟. "嵌入式" 混合所有制办学模式的创新与实践 [J]. 浙江交通职业技术学院学报，2018(4):73-76.

[84] 靳丽梅，王丽. 从前校后厂到绿茵药学院的蜕变——混合所有制二级学院办学模式探究 [J]. 牡丹江医学院学报，2018(5):130-131.

[85] 吴益群，王琪. 高职教育供给与产业需求结构性矛盾化解路径——南通航运职业技术学院 "跨境校企共同体" 混合所有制改革实践 [J]. 江苏教育，2019(20):24-28.

[86] 席东梅. 混合所有制：职业教育活力所在——齐齐哈尔工程学院多元化办学探索之路 [J]. 中国职业技术教育，2014(28):44-52.

[87] 涂祥等. 混合所有制办学的初步探索——以南方汽车学院为例 [J]. 科技风，2019(16):45.

[88] 吴亚鹏，闫志波. 具有混合所有制特征的高职院校实训基地建设——以石家庄职业技术学院为例 [J]. 石家庄职业技术学院学报，2018(6):35-39.

[89] 藤益清，吕修军. 永嘉职业教育混合所有制改革的探索 [J]. 唯实（现代管理），2017(7):34-38.

[90] 陈丽婷. 高职院校混合所有制办学现实困境与发展路径研究 [J]. 中国高教研究，2017(1):107-110.

[91] 王志伟. 高职教育混合所有制办学存在的问题及对策 [J]. 教育与职业，2019(2):39-45.

[92] 刘晓. 利益相关者参与下的高等职业教育办学模式改革研究 [D]. 上海：华东师范大学，2012.

[93] 孙道夫. 走联合办学的新路子——青岛市发展职业技术教育的尝试 [J]. 职业教育研究，1992(6):6-7.

[94] 贾文胜. 创新体制机制 探索高职发展"杭州方案"[N]. 中国教育报, 2017-3-28(10).

[95] 项贤明. 论教育创新与教育改革 [J]. 高等教育研究, 2007(12): 1-7.

[96]. 张光杰. 中国法律概论 [M]. 上海：复旦大学出版社, 2005.

[97]. 王大泉. 怎样完善民办学校的法人财产权？[N]. 中国教育报, 2004-11-17(8).

[98] [英] 约翰·伊特韦尔等. 新帕尔格雷夫经济学大辞典 [M]. 陈岱孙主编译. 北京：经济科学出版社, 1996.

[99] 洪银兴. 关于市场决定资源配置和更好发挥政府作用的理论说明 [J]. 经济理论与经济管理, 2014(10):5-13.

后记

　　终于完成了《中等职业教育混合所有制改革研究》这本书的撰写工作，作为本人的人生第一本学术专著，在完成之际，感慨良多。

　　本书的写作其实源于一个偶然的机会，我参与了全国教育科学规划教育部重点课题"基于混合所有制下的校企协同创新中心运营模式的研究"，经过文献研究，发现目前国内研究中等职业教育混合所有制改革的研究成果极少，而且这一主题也与课题研究主题相关，因此，萌生了写本阐述中等职业教育混合所有制改革相关问题的书的念头。本人一直以来比较关注弱势群体，在教育领域的各类型教育中，职业教育处于相对薄弱的地位，因此在攻读硕士阶段，本人就选择了职业技术教育专业，而且毕业工作后，仍然坚持对职业教育领域的关注和研究。中等职业教育与高等职业教育相比，在职业教育领域同样处于弱势地位，近年来发展举步维艰，故我选择中等职业教育作为研究对象。

　　首先，我要感谢本书的另一位作者于万成校长在本书筹划、写作、出版过程中的大力支持，于校长作为国内知名的职业教育教学专家，理论水平高深，教学经验丰富，取得了众多学术和教学成果，形成了一整套职业教育教学理论体系，对本书的写作给予了大量帮助。于校长严谨求实的治学态度、谦虚低调的行事方式以及较高的业务能力让人印象深刻，也让我深受感动，从而深深地影响着我的学术生涯。

此外，不得不感谢家人对我写作的支持和宽容。由于不能因为个人学术研究影响正常工作，所以这本书主要是在家中利用个人休息时间完成的，无奈只能把孩子、丈夫、父亲的角色变成了研究者，本该承担的责任没有尽到，内心无比愧疚。感谢父母生活上无微不至的照顾，提供了全家人的生活保障，每天早起不用照顾孩子起床，每天晚归饭也已做好。感谢爱人对家庭的付出和对我的理解，怀有身孕还要坚持工作，累得回家倒头就睡还要晚上起来照顾孩子。家中小女，垂髫之年，正值好玩好动之际，每每去书房拉扯衣角，让我陪她玩耍的时候，我总是托辞"爸爸今晚有工作"，换来一句"爸爸，你要把这个屋子变成你的办公室吗"，真是让我愧天怍人、哭笑不得。

写这本书主要目的还是抛砖引玉，一方面希望引起国内学者对中等职业教育进行混合所有制改革的关注和探索，因为混合所有制是经济领域的概念，如何更好地引入到教育领域还需要更加系统地探索，且目前国内学者关于职业教育混合所有制改革的关注主要集中在高等职业教育领域，对于中等职业教育混合所有制改革的关注远远不够。写作的另一个目的就是希望能够为区域教育改革发展服务，本人的工作单位性质决定了工作职责之一就是为区域教育改革发展提供智力支持，目前区域中等职业教育发展面临诸多堵点和困境，亟需寻找破解之策，混合所有制改革是一条路径，这条路径还需要我们理性探索。

忘不了多少个偎依在电脑前的夜晚，忘不了多少个把自己关在书房里的周末，忘不了多少个思考问题的不眠之夜，忘不了多少个乏味的假期。通过本书的写作让我收获了很多，让我对学术研究的严谨有了更加透彻的理解，让我对学术研究的单调有了更加深刻的体会，让我对专业领域的知识第一次有了更加全面的把握，让我对自己浅薄的学问有了更加客观的了解。正是由于自己浅薄的学术积累和理论基础，导致这本书中我在某些问题上认识得不够全面深入，在某些结论上总结得不够科学系统，也在此向广大读者致以最诚挚的歉意！

　　本书成稿之时，正值中华人民共和国成立 70 周年之际，谨以此书，向伟大祖国献礼。

王辉

2019 年 12 月 20 日